MANFRED ROGNER

TERRARISTIK

KOSMOS

Im Biologieunterricht wird gelehrt, dass Tiere nach ihren natürlichen Lebensräumen in Gruppen eingeteilt werden. „Waldtiere", „Wüstentiere", „Regenwaldtiere" usw. sind dementsprechende gängige Bezeichnungen. Der Begriff „Terrarientiere" taucht dabei jedoch nicht auf! Warum? Die Antwort ist ganz einfach: Da es keinen natürlichen Lebensraum „Terrarium" gibt, kann es auch keine „Terrarientiere" geben. Die Amphibien und Reptilien, die wir in Terrarien halten, wurden ihrer natürlichen Umgebung entnommen. Sie leben nun als „Terrarientiere" in einem künstlichen Lebensraum. Das dürfen wir als Terrarianer nicht aus den Augen verlieren. Selbst Nachzuchten jener Wildtiere sind noch keine Haus- oder Terrarientiere!
Daher ist es unbedingt erforderlich, sich über die natürliche Lebensweise der „Terrarientiere" zu informieren. Erst dann ist man in der Lage, sie artgerecht unterzubringen, zu pflegen und auch in Menschenobhut zu vermehren.

Was sind Amphibien?

WECHSELWARME TIERE Die Wirbeltierklasse Amphibia, auf Deutsch auch „Lurche" oder „Amphibien" genannt, umfasst wechselwarme (poikilotherme) Lebewesen. Sie können nicht wie Vögel oder Säugertiere ihre Körpertemperatur durch Stoffwechselvorgänge regulieren, sondern sind stets von den Umgebungstemperaturen abhängig.
LUFTFEUCHTIGKEIT Amphibien besitzen eine relativ dünne, drüsenreiche Haut, die sie hin und wieder abstreifen. Unter dieser alten Haut befindet sich bereits eine neue. Wegen ihrer „dünnen Haut" sind alle Amphibien von einer gewissen Feuchtigkeit in ihrer Umgebung abhängig. Daher leben viele von ihnen

Fleckensalamander haben den typischen Körperbau von Schwanzlurchen.

entweder stets in bzw. an Gewässern oder in feuchten bis sehr feuchten Bereichen. Aus diesem Grund trifft man die meisten Arten in den tropischen Regenwäldern an. Doch selbst in trockenheißen Wüsten leben einige Amphibienarten. Auch sie sind auf eine gewisse Umgebungsfeuchtigkeit angewiesen und verharren in der trockenen Zeit an feuchten Stellen, zum Teil liegen diese sogar recht tief unter der Erdoberfläche.

FORTPFLANZUNG Die Fortpflanzung der Amphibien erfolgt immer (bis auf wenige Ausnahmen) außerhalb des Körpers. Ihre Nachkommen durchlaufen verschiedene Entwicklungsstadien, bis sie am Ende ihrer Metamorphose (Umwandlung) den Eltern ähnlich sehen. Dennoch benötigen sie noch – je nach Art – Wochen, Monate oder sogar etliche Jahre, bis sie selbst fortpflanzungsfähig werden und sich selbst wieder vermehren. Die Umweltveränderungen haben viele Amphibienarten bereits an den Rand ihrer Existenz gebracht. Nur durch den Schutz ihrer Lebensräume sind sie zu erhalten. Dem gegenüber gibt es sehr viele Amphibienarten, die bereits seit Jahren erfolgreich in Terrarien gehalten und gezüchtet werden. Dabei kann man im Zeitraffer noch einmal ihre Evolution mit eigenen Augen erleben.

Amphibienordnungen

Von den zahlreichen Ordnungen blieben bis in unsere Zeit nur drei Amphibienordnungen erhalten, die

- Schwanzlurche (*Urodela*)
- Froschlurche (*Anura*)
- Blindwühlen (*Gymnophionia*).

BLINDWÜHLEN spielen in der Terraristik eigentlich keine Rolle, da sie vorwiegend unterirdisch leben und daher kaum beobachtet werden können.

Goldfröschchen (*Mantella aurantiaca*) können goldgelb ...

Froschlurche

Froschlurche machen ca. neun Zehntel aller bekannten Amphibien aus. Mehr als rund 4400 Froschlurcharten sind derzeit bekannt. Der kleinste Frosch ist wahrscheinlich der Kubanische Zwergfrosch (*Sminthillus limbatus*) mit nur 1 cm Körperlänge. Der größte ist der Westafrikanische Goliathfrosch (*Conraua goliath*). Er misst 40 cm Körperlänge und hat ein Körpergewicht von 3,3 kg!

GESTALT Es gibt Tiere mit fast rundlichen Formen, aber auch solche mit bizarren Körperanhängen. Sie haben eine Gestalt, die der hüpfenden Fortbewegung optimal angepasst ist: Die Knöchel sind verlängert, so dass sie gemeinsam mit dem Oberschenkel (Femur) und dem Unterschenkel (Tibia) den Hinterbeinen beim Sprung einen mechanischen Vorteil verleihen (Hebelwirkung). Die kurze, starre Wirbelsäule sorgt mit dem anschließenden knöchernen Stab (dem Cocygium, die Os coccygis) für Stabilität.

DIE HAUT der Froschlurche besteht aus einer Unter- und Oberhaut. Sie wird von Zeit zu Zeit in Fetzen abgestreift. Die Unterhaut ist mit vielen Drüsen ausgestattet, deren Sekrete die Haut feucht halten und Hautatmung ermöglichen. Bei manchen Arten, vor allem jedoch bei Kröten (*Bufonidae*), befinden sich besonders in der Ohrregion Giftdrüsen. Bei Pfeilgiftfröschen sind die Giftdrüsen über große Körperabschnitte verteilt. Die Wirkung der Froschgifte ist sehr unterschiedlich. Erkundigen Sie sich beim Fachmann vor dem Kauf über die Giftigkeit derjenigen Frösche, die Sie halten möchten.

SINNESORGANE Froschlurche sind in der Regel optisch orientiert. Ihre Augen sind daher meist recht groß und ragen weit aus ihren Höhlen hervor. Das untere Lid können sie frei bewegen, das obere dagegen nicht. Es besitzt zusätzlich eine durchsichtige Nickhaut. Die Pupille kann bei Froschlurchen recht unterschiedlich geformt sein. Während

... aber auch orangerot gefärbt sein.

dämmerungs- und nachtaktive Arten im Hellen gewöhnlich eine spalt- oder schlitzförmige Pupille haben, besitzen tagaktive Arten eine rundliche, ovale oder herzförmige Pupille. Als Geruchsorgan verfügen Frösche neben der Nase über ein weiteres Organ, das so genannte Vomeronasalorgan. Das gute Gehör hilft ihnen bei der Territorialabgrenzung (Revierrufe) und ebenso bei der Suche nach einem Geschlechtspartner.

DAS RUFVERMÖGEN vieler Froschlurcharten ist etwas ganz Außergewöhnliches unter Amphibien. Bei manchen Männchen kann man beim Rufen äußere oder innere Seiten- bzw. Kehlresonanzblasen erkennen. In wissenschaftlichen Untersuchungen hat man festgestellt, dass es sowohl arttypische Rufe gibt, als auch bei einzelnen Arten unterschiedliche Ruftypen (Territorial-, Paarungs-, Befreiungs- und Schreckruf). Erkundigen Sie sich bei der Wahl Ihrer Froschlurche nach deren Rufvermögen, um eventuelle Probleme mit Nachbarn wegen der „Lärmbelästigung“ zu vermeiden.

FORTPFLANZUNG Die meisten Froschlurchweibchen legen Eier, die vom Männchen besamt werden. Damit dies zeitgleich geschieht, werden die Weibchen häufig bereits vor dem Laichen vom Männchen in der Lenden- oder Achselregion umklammert. Die Larven, Kaulquappen genannt, können nach einiger Zeit schwimmen, bilden nach und nach Hinter- und Vorderbeine aus und werden zu Landtieren. Während dieser Phase reduziert sich ihr Schwanz immer mehr, bis sie im Aussehen ihren Eltern ähneln.

FROSCHLURCHE ALS TERRARIENTIERE Froschlurche sind die häufigsten Terrarienpfleglinge. Besonders beliebt sind Pfeilgiftfrösche (*Dendrobatidae*) und Laubfrösche (*Hylidae*). Die Größe, die manche Froschlurcharten erreichen können, ist ein Begrenzungsfaktor bei der Haltung zu Hause. Sehr groß werdende Arten sollten den Zoos vorbehalten sein. Für Anfänger sind Bombina-Arten besonders gut geeignet, wobei sie im Sommer in einem ausbruchsicheren Terrarium im Freien gehalten werden sollten. Manche Terrarianer spezialisieren sich auch, z. B. auf die Pflege ständig im Wasser lebender, aquatischer Arten.

Krokodilmolche sind besonders attraktive Schwanzlurche.

Schwanzlurche

Sie werden nicht so häufig in Terrarien gehalten. Dazu gehören Molche und Salamander. Während Molche einen seitlich abgeplatteten Schwanz haben, ist dieser bei Salamandern im Querschnitt rundlich bis oval.

Die Männchen setzen ihre Spermien je nach Art entweder als Samenpakete ab, die dann von den Weibchen mit der Kloake aufgenommen werden – oder stoßen sie über den vom Weibchen gelegten Eiern aus. Es gibt auch einige Schwanzlurcharten, die bereits vollständig entwickelte Jungtiere gebären. Bei den meisten schlüpfen aus den Eiern erst einmal Larven. Diese Larven tragen hinter dem Kopf auffällige Kiemenbüschel, die im Laufe der Metamorphose, d. h. bei der Entwicklung zum Landtier, gewöhnlich zurückgebildet werden. Vollzieht sich die Umwandlung von der Larve zum Volltier nicht komplett und die Tiere sind trotzdem fortpflanzungsfähig, dann spricht man von Neotenie.

Aufmerksam beobachtet der Leopardgecko seine Umgebung.

Was sind Reptilien?

Die Wirbeltierklasse Reptilia, auf Deutsch auch „Kriechtiere" oder „Reptilien" genannt, umfasst ebenfalls wechselwarme (poikilotherme) Lebewesen. Über 6000 lebende Reptilienarten sind heute bekannt.

„DICKE HAUT" Reptilien sind im Gegensatz zu den Amphibien nicht mehr von einer ständigen Umgebungsfeuchtigkeit abhängig, da sie eine derbe Haut entwickelt haben, die sie im Laufe ihres Wachstums häufig in Fetzen oder als Ganzes (z. B. Schlangen) abstreifen müssen. Darunter befindet sich bereits eine neue Haut, die vor allem in der Fortpflanzungszeit bei etlichen Arten oft viel farbenprächtiger und zeichnungsintensiver ist als die bereits abgestreifte.

Reptilienordnung

Von den etwa zwanzig Reptilienordnungen, die einst auf der Erde lebten, sind bis heute nur noch vier erhalten geblieben:

- Schildkröten (*Testudines*),
- Panzerechsen (*Crocodylia*),
- Brückenechsen (*Rhynchocephalia*) und
- Schuppenkriechtiere (*Squamata*).

Die Ordnung der Schuppenkrichtiere umfasst ungefähr 5700 Arten, das sind ungefähr 95 % der heute noch lebenden Reptilien. Systematisch werden sie in die beiden Unterordnungen der Schlangen (*Serpentes*) und Echsen (*Sauria*) unterteilt und diese wiederum in zahlreiche Familien.

Schildkröten

Fossilie Reste der so genannte Urschildkröte fand man in mehr als 205 Millionen Jahren alten Schichten der Triaszeit in Baden-Württemberg. Schildkröten gehören zu den urtümlichsten Tieren, die noch in unserer Zeit existieren. Da ihre Grundformen sich im Laufe der Evolution nur unwesentlich verändert haben, bezeichnet man Schildkröten auch als „lebende Fossilien".

ALTER Bei richtiger Pflege haben Schildkröten eine hohe Lebenserwartung. Je nach Art liegt siezwischen 30 bis sogar über 100 Jahren (Riesenschildkröten).

GESTALT Schildkröten sind durch ihren Panzer, der mit großen Hornschuppen bedeckt ist, unverkennbar. Nach der Art, wie Schildkröten ihren Kopf verbergen, unterscheidet man zwei unterschiedliche Familien: Die Halsberger-Schildkröten ziehen ihren Kopf bei Gefahr nach hinten in den Panzer zurück; Halswender-Schildkröten legen dagegen den Kopf seitlich an den Panzer. Der Schildkrötenpanzer ist deutlich in einen Rückenpanzer (Carapax) und einen Bauchpanzer (Plastron) untergliedert, die durch eine „Brücke" verbunden sind. Mit dem Knochenpanzer fest verwachsen ist die Wirbelsäule, lediglich Schwanz- und Halsregion sind noch frei beweglich. Landschildkröten haben ausgeprägte Klumpfüße mit Krallen, mit denen sie gut graben oder Hindernisse überwinden können. Bei Sumpf- und Wasserschildkröten befinden sich dagegen oft Schwimmhäute zwischen den einzelnen Zehen, vor allem an den Hinterfüßen. Neben der Nase ist das Auge das leistungsfähigste Sinnesorgan von Schildkröten, ihr Gehör ist dagegen recht unterentwickelt. Zähne haben sie keine, stattdessen sind Ober- und Unterkiefer zu einer festen Knochenspange verwachsen und von einer Hornscheide bedeckt.

Diese Gelbrand-Scharnierschildkröte zeigt den typischen Schildkröten-Körperbau.

FORTPFLANZUNG Schildkrötenmännchen erkennt man an ihrem dickeren Schwanz, in dem ihr Penis verborgen ist. Sie führen ihn bei der Kopulation in die weibliche Kloake ein, sodass eine innere Befruchtung stattfindet. Die Weibchen graben vor der Eiablage in die Erde eine Nisthöhle, die sie anschließend wieder sorgfältig zuscharren. Nach dem Schlupf graben sich die Jungschildkröten an die Erdoberfläche.

Spitzkopfnattern sind in gut bepflanzten Terrarien ausgezeichnet getarnt.

Schlangen

Von den rund 3000 Schlangenarten sind ungefähr ein Drittel mehr oder weniger giftig.
GESTALT Kopf, Rumpf und Schwanz gehen bei Schlangen gleichmäßig ineinander über, Gliedmaßen fehlen. Die Häutung erfolgt daher auch problemlos in einem Stück, die Augen eingeschlossen. Sie können sich geschickt und z. T. sehr schnell und nahezu lautlos im Wasser, auf dem Boden und kletternd fortbewegen. Der Schwanz ist bei Kletterern häufig als „Greifschwanz“ ausgebildet. Besonders wichtiges Sinnesorgan ist die Zunge. Während Schlangen „züngeln“, nehmen sie Duftmoleküle auf und geben sie an das Jacobsonsche Organ im Gaumen weiter. Schlangen verfügen über ein sehr gutes Sehvermögen. Ihr Gehör ist dagegen weniger gut ausgebildet. Am Boden lebende Schlangen können tiefe Frequenzen und Erschütterungen wahrnehmen. Ihr Maul ist mit vielen spitzen, nach hinten weisenden Zähnchen besetzt, und Unter- und Oberkiefer sind mit sehr dehnungsfähigen Bändern ausgestattet. Dadurch sind Schlangen nicht nur in der Lage, recht große Beutetiere zu verschlingen, sondern sie können diese mit ihren Zähnen auch „festhalten“.
FORTPFLANZUNG Schlangenmännchen besitzen ein doppelt angelegtes Paarungsorgan (Hemipenis). Das Sperma wird durch Kopulationen übertragen. Schlangenweibchen sind je nach Art entweder Eier legend oder gebären lebende Junge. Unter den Eier legenden Arten betreiben auch einige Brutpflege!

Erschrickt ein Stirnlappenbasilisk, springt er zur Seite. Damit er sich dabei nicht verletzt, muss das Terrarium sehr groß sein.

Echsen

Mit der Formenvielfalt der Echsen kommen Schildkröten und Schlangen nicht mit. Daher gehören Echsen auch zu den am häufigsten in Terrarien gepflegten Reptilien. Unter ihnen gibt es reine Bodenbewohner, Wasserbewohner und kletternde Arten, die je nach Art entweder nachts oder tagsüber aktiv sind. Ihrer Lebensweise entsprechend findet man bei ihnen kräftige oder nur schwache Gliedmaßen, bei einigen Formen fehlen diese sogar (zum Beispiel Schleichen). An den Zehen können sich kräftige Krallen befinden, aber auch Haftlamellen. So sind einige Geckos durchaus in der Lage, an glatten Glasscheiben emporzuklettern. Die Haut kann Stacheln haben (Agamen), samtig (Taggeckos) oder glatt beschuppt sein (Skinke). Echsen häuten sich in Hautfetzen.

FORTPFLANZUNG Wie Schlangen besitzen auch Echsen zwei Hemipenisse. Vor der Paarung hält das Männchen häufig das Weibchen mit dem Maul in der Nackenregion oder an den Flanken fest. Es biegt den Körper so, dass die Kloaken aneinander gelangen und einer der Hemipenisse eingeführt werden kann. Nach dieser inneren Befruchtung legen Echsenweibchen je nach Art entweder Eier oder tragen diese so lange im Körper mit sich, bis die Jungtiere schlüpfen. So entsteht auch bei ihnen der Eindruck, Jungtiere zu „gebären“.

Chamäleons sind heikle Tiere und gehören in die Obhut erfahrener Terrarianer.

Terrarientiere erwerben

Sie wollen Ihren Tieren in Ihrem Terrarium einen Lebensraum bieten, der ihren natürlichen Bedingungen weitgehend entspricht. Doch wie leben die Tiere in der Natur? Um sich davon ein Bild zu machen, könnte man sie in ihren natürlichen Lebensräumen einmal aufsuchen – und dann gleich einige Exemplare mitnehmen. Das ist aber nicht gestattet! Abgesehen davon, dass eine solche Reise teuer und anstrengend ist, müssen eine Reihe von Gesetzen und Verordnungen (S. 116) beachtet werden. Sie untersagen, der Natur einfach Tiere zu entnehmen, sie aus einem Land ohne Genehmigung aus- und in ein anderes einzuführen.

INFO

Gesundheitscheck
Nehmen Sie sich Zeit und beobachten Sie die Tiere, die sie kaufen wollen. Dies sollte auf Ihre künftigen Pfleglinge zutreffen:

- Das Tier hat ein normales, fehlerfreies Äußeres und ist offenbar gut genährt! Vorsicht bei trächtigen Reptilien-Weibchen, bei denen die Eier anhand von Auswölbungen an den Bauchseiten zu erkennen sind. Manchmal haben sie die Eier bereits übertragen und befinden sich in Legenot! Fehlende oder regenerierte Schwänze können in Kauf genommen werden, sofern keine Auswahlmöglichkeit besteht.
- Die Haut ist frei von Häutungsresten, Wunden und Parasiten!
- Die Augen sind offen, klar und ohne Ausflüsse.
- Das Tier bewegt sich seiner Art entsprechend ohne Schwierigkeiten und Auffälligkeiten wie z. B. Gliederzittern o. Ä.
- Der Kandidat hält das Maul normal geschlossen, atmet geräuschlos und sondert keine Bläschen oder Sekrete ab!

Bevor Sie ein Tier erwerben, beobachten Sie genau, ob es einen gesunden Eindruck macht.

Bezug über Händler und Züchter

Reptilien und Amphibien kann man in einem Zoofachgeschäft mit einer entsprechenden Abteilung erwerben. Oft werden dort, aber auch bei spezialisierten Händlern.
WILDFÄNGE angeboten. Dabei ist zu bedenken, dass diese Tiere meist einen langen Weg hinter sich haben, der nicht spurlos an ihnen vorüber ging. Daher sind sie häufig geschwächt, krank oder sogar bereits Todeskandidaten. Außerdem sind viele von ihnen Träger von Krankheitserregern und Parasiten, so dass man schon einige Erfahrungen haben muss, um aus solchen Sendungen doch noch das ein oder andere unbedenklichere Exemplar herauszufinden.
ZUCHTTIERE Die beste Möglichkeit, völlig legal an Tiere für das Terrarium zu kommen,

ist der Erwerb von Nachzuchten eines Züchters. In den verschiedenen Fachzeitschriften finden Sie Annoncen, in denen Terrarianer regelmäßig Amphibien und Reptilien zum Kauf oder Tausch anbieten.
Wenn Sie Mitglied der Deutschen Gesellschaft für Herpetologie und Terrarienkunde e.V. (DGHT) werden, bekommen sie viermal jährlich verschiedene Zeitschriften und ein Anzeigen-Journal zugeschickt. Des weiteren gibt es innerhalb der DGHT verschiedene Arbeitsgemeinschaften zu einzelnen Amphibien- und Reptilienordnungen, beispielsweise die AG-Anuren (Frösche), AG-Lacertiden (Eidechsen), AG-Iguana (Leguane), AG-Schildkröten u.s.w. Als Mitglied jener Arbeitsgemeinschaft erhält man nicht nur die Anschriften Gleichgesinnter, sondern ebenso Einladungen zu Fachtagungen und oft auch ein eigenes Mitteilungsblatt. Auch dieses ist eine Fundgrube für Züchteranzeigen.

Tiere kaufen konkret

Beim Erwerb von Amphibien und Reptilien sollte man auf einige Dinge achten. Sie garantieren zwar nicht, dass das betreffende Tier gesund ist und auch während des Transportes unverletzt bleibt, verringern jedoch die Gefahr, ein krankes zu erwischen.

TRANSPORT Amphibien transportiert man in einer Kunststoffschachtel, die mit feuchtem Fließpapier ausgelegt und am besten auch mit feuchten Schaumstoffwürfeln ausgepolstert ist. Echsen und Schlangen werden gewöhnlich in einem lockeren, verschnürbaren Leinenbeutel transportiert. Vor allem in der kühleren oder heißen Jahreszeit muss der Transport unbedingt in einer sehr gut isolierten Box erfolgen, damit die Tiere sich nicht erkälten oder überhitzen.

QUARANTÄNE Falls Sie in ihrem Terrarium bereits Amphibien oder Reptilien haben und weitere Tiere erwerben, müssen diese zuerst einmal getrennt von den übrigen Tieren gehalten werden. Erst wenn man sich nach einer gewissen Zeit (4–6 Wochen) sicher ist, ein gesundes Tier vor sich zu haben, kann es in die Gruppe eingefügt werden. (Zur Einrichtung eines Quarantänebeckens ◎ S. 108)

Terrarientiere richtig anfassen

Amphibien

Damit sie keinen Hitzestau in Ihren warmen Händen erleiden, fangen Sie Amphibien mit einem engmaschigen Netz. Das Netz mit einer Hand zuhalten, damit die Tiere nicht entweichen. Größere Schwanz- und Froschlurche kann man auch hinter ihrem Kopf vorsichtig fassen, hebt sie hoch und schiebt die andere Hand unter sie.

Reptilien

Auch kleinere Schlangen und Echsen können mit einem Netz gefangen und transportiert werden. Dies birgt weniger Verletzungsgefahr als das Fangen mit der Hand. Auch bei ihnen gilt: das Netz zuhalten.

SCHLANGEN greift man am besten mit einer Hand hinter dem Kopf. Dann hält man sie mit der anderen in der Körpermitte fest und hebt sie vorsichtig hoch. Wenn sie zuerst eine andere Körperstelle ergreifen, kann sich die Schlange erschrecken, umdrehen und zubeißen. Diese Haltemethode gilt natürlich ausschließlich für ungiftige Schlangen. Gifte und aggressive Tiere hebt man mit einem Schlangenhaken in der Körpermitte hoch. Meist wenden sich aggressive Schlangen sofort dem Störenfried zu und ziehen den Oberkörper in Form eines „S" zurück. Kommt man ihnen zu nahe, schnellen sie vor, fauchen und können auch zubeißen.

ECHSEN, die ruhig und zahm sind, fasst man mit einer Hand von oben um den Brustkorb. Die andere Hand schiebt sich unter sie und hält sie nun mit beiden Händen fest. Oder man streckt die Hand flach über die Tiere aus, drückt sie schnell, aber vorsichtig auf den Boden, fasst dann mit dem Daumen und Zeigefinger hinter den Kopf und umschließt mit den übrigen Fingern den Körper. Größere Echsen lassen sich manchmal erst anfassen, wenn man ein Tuch über sie geworfen hat. Dann hält man sie hinter dem Kopf fest, die andere Hand umfasst das Hinterteil der Echse, sodass die Hinterbeine nach hinten an den Schwanz anliegen. Vorsichtshalber können sie dabei auch Gartenhandschuhe anziehen, um sich vor bissigen Echsen zu schützen.

SCHILDKÖRTEN können am Panzer leicht festgehalten, hochgehoben und transportiert werden.

Amphibien dürfen – wenn unbedingt nötig – nur kurz in den Händen gehalten werden.

Beliebte Arten

Hier werden solche Arten vorgestellt, die häufig im Handel angeboten werden. Die einzelnen Artmonografien sind nach folgendem Schema aufgebaut:

DEUTSCHE BEZEICHNUNG Sie wird im deutschsprachigen Raum üblicherweise verwendet. Da es oftmals mehrere deutsche Begriffe für eine Art gibt, ist es sinnvoll, die wissenschaftliche Bezeichnung zu kennen, die internationale gilt.

WISSENSCHAFTLICHE BEZEICHNUNG Um über eine weltweit verständliche Bezeichnung von Tier- und Pflanzenformen zu verfügen, geben Wissenschaftler bei der Beschreibung einer Art oder Unterart dem jeweiligen Objekt einen Namen. Dieser setzt sich gewöhnlich aus lateinischen, manchmal auch griechischen Begriffen zusammen. Der 1. Begriff ist der Gattungsname, der 2. der Artname und der 3. bezeichnet die Unterart.

GRÖSSE Bei Froschlurchen ist die erreichbare Gesamtgröße gemeint und soll zeigen, mit welchen Maßen man bei einer Art rechnen muss. Bei Echsen werden Kopf-Rumpf-Länge (KRL) und Schwanzlänge (SL) unterschieden. Zusammen ergeben sie die Gesamtlänge (GL). Bei Schildkröten handelt es sich um das Stockmaß der Panzerlänge.

VERBREITUNG Hier wird der grobe Verbreitungsraum einer Art angegeben.

BESCHREIBUNG Besondere Merkmale des Tieres werden knapp genannt.

LEBENSWEISE Um sich ein Bild über die Haltungsbedingungen machen zu können, wird kurz die Lebensweise beschrieben.

TERRARIENGRÖSSE/-TYP Größe und Typ des Terrariums richten sich nach den Bedürfnissen der Pfleglinge. Bei Amphibien gelten die Vorschläge für die Besetzung mit einem Männchen und zwei Weibchen. Bei den Maßen für Reptilien sind Länge, Breite und Höhe des Behälters angegeben. Die Maße gelten für je ein Pärchen ausgewachsener Exemplare! Für größere Gruppen muss man die Terrariengröße um jeweils 20 % pro Tier entsprechend nach oben korrigieren.

TEMPERATUREN werden ebenfalls angegeben.

FUTTER Hier erfährt man, auf welche Kost die jeweilige Art angewiesen ist.

ZUCHT Es erfolgen kurze Informationen zum Fortpflanzungsverhalten.

Feuersalamander
Salamandra salamandra
(Linnaeus, 1758)
Salamandridae

GRÖSSE 20–25 cm, maximal 31 cm.
VERBREITUNG Mittlere und südliche West-Paläarktis: Europa, NW-Afrika , NW-Küste Kleinasiens.
BESCHREIBUNG Gelbe Flecken auf Schwarz, auch zu Längsbändern verschmolzen, Kopf wuchtig, kräftige Ohrdrüsen.
LEBENSWEISE Charaktertier des Mittelgebirges. Bewohnt bevorzugt Bachränder von Laubwäldern. Vorsicht: Tier kann in zu tiefem Wasser ertrinken!
TERRARIENGRÖSSE/ -TYP 100 x 60 cm Grundfläche; Feuchtterrarium, in der Laichzeit Aquaterrarium mit flachem Wasserstand.
TEMPERATUREN 15 bis 20 °C.
FUTTER Regenwürmer, Nacktschnecken, Asseln, weiche Insekten und Spinnen.
ZUCHT Kalte Überwinterung bei 5 °C. Paarungsspiele im April/Mai. Männchen schieben sich unter Weibchen und tragen sie. Männchen setzt Spermaträger ab, die vom Weibchen mit der Kloake aufgenommen werden. Im Sommer werden die Larven bereits mit Vorderbeinen im Wasserteil (10–15 °C) abgesetzt. Aufzucht mit Kleinkrebsen *(Daphnia, Cyclops)* einfach.

Chinesische Rotbauchunke
Bombina orientalis (Boulenger, 1890)
Discoglossidae

GRÖSSE 4,6 bis 6 cm.
VERBREITUNG O-Sibirien, NO-China (Shantung-Gebirge, Mandschurei), Korea, Japan.
BESCHREIBUNG Bräunliche bis sattgrüne Grundfarbe mit zahlreichen schwarzen Flecken, Bauch, Finger- und Zehenspitzen orangerot gefärbt.
LEBENSWEISE Sehr stark an Gewässer gebunden. Können kühl überwintert werden.
TERRARIENGRÖSSE/-TYP 80 x 40 cm Grundfläche; Aquaterrarium mit 6–10 cm Wasserhöhe. Steine genügen als Landteil, einige Wasserpflanzen als Versteckmöglichkeit.
TEMPERATUR 22–25 °C (Sommer), im Winter bei ca. 5 °C überwintern.
FUTTER Grillen, Heimchen, kleine Heuschrecken, Wachsmottenraupen, vor allem Regenwürmer.
ZUCHT Männchen umklammern Weibchen im Lendenbereich und rufen („hu-hu-hu"). Laichen nach einem Luftdruckwechsel und/oder Niederschlägen. Bis Ende August Wiederholungen möglich. Aufzucht mit Algen und Mückenlarven leicht.

Südliche Kröte

Bufo terrestris (Bonnaterre, 1789)
Bufonidae

GRÖSSE 7–11 cm.
VERBREITUNG USA .
BESCHREIBUNG Mittelgroß, kompakt gebaut, ausgeprägte Schädelleisten, in ihren hinteren Abschnitten knopfartig verdickt. Grundfärbung von rot, braun bis schwarz, auch mit dunklen Flecken und Warzen. Häufig heller Rückenstreifen vorhanden.
LEBENSWEISE Bevorzugt sandige Böden mit geringer Vegetation.
TERRARIENGRÖSSE/-TYP 100 x 50 cm Grundfläche, Feuchtterrarium
TEMPERATUR 18–26 °C.
FUTTER Vor allem Regenwürmer, Insekten und deren Larven.
ZUCHT Klammern die Paare, setzt man sie in ein Aquaterrarium mit Pflanzen im Wasserteil; sie bleiben dort einige Zeit im Wasser. Laichschnüre in große veralgte Aquarien oder Wannen überführen. Aufzucht der Jungkröten mit Kleinstfutter.

Goldfröschchen

Mantella aurantiaca
(Moquard, 1901)
Ranidae

GRÖSSE 2–2,5 cm.
VERBREITUNG Madagaskar.
BESCHREIBUNG kurzer Kopf, zugespitztes Maul, Trommelfell undeutlich, Männchen mit Stimmsack. Iris dunkel, mit feinen dunklen Goldpünktchen, Pupille waagerecht. Haut glatt oder fein gekörnt, gelb bis gelborange. Kniekehlen und Leisten mit je einem dunkelorangen Fleck.
LEBENSWEISE Sind morgens bis mittags und am späten Nachmittag auf Nahrungssuche. Verstecken sich gerne zwischen Blättern auf dem Boden.
TERRARIENGRÖSSE/-TYP 40 x 40 x 40 cm, kleines Regenwaldterrarium mit Wasserteil.
TEMPERATUR 18–25 °C
FUTTER Winzige Insekten u. Ä.
ZUCHT Von November bis Februar Temperatur auf 25 °C steigern, Regenzeit simulieren. Laichen in Höhlen! Eiballen immer leicht feucht halten (21–22 °C, 100 % Luftfeuchte). Kaulquappen nach 3–6 Tagen schlupfbereit. Platte mit dem Gelege an den Rand des Wasserteiles legen. Kaulquappen schlängeln sich ins Wasser, Gruppenaufzucht mit je 10 Larven sinnvoll. Wasserstand 2–5 cm, abgedunkelt. Metamorphose beginnt nach etwa 10 Wochen, fressen in den ersten 2–3 Wochen v. a. Springschwänze.

Bananenfrosch

Afrixalus fornasini (Bianconi, 1849)
Rhacophoridae

GRÖSSE Bis 4 cm.
VERBREITUNG O-Afrika.
BESCHREIBUNG Laubfroschartiger Körperbau. Pupille senkrecht. Große Haftscheiben an Finger- und Zehenspitzen. Männchen mit großer Schallblase. Rücken meist dunkelbraun mit zwei sehr breiten, silberweißen Längsbinden, die auch miteinander verschmelzen können.
LEBENSWEISE Busch- und Baumbewohner, meist in der Nähe von Gewässern.
TERRARIENGRÖSSE/-TYP 60 x 50 x 80 cm, Aquaterrarium mit Kletterästen und dichtem Pflanzenwuchs (Überwasserblätter!). Die Frösche sind nachts aktiv und verstecken sich tagsüber gerne in Höhlen o. Ä.
TEMPERATUR 22–26 °C, hohe Luftfeuchtigkeit.
FUTTER Kleine Insekten und andere Gliedertiere.
ZUCHT Männchen rufen zirpend. Laich wird portionsweise in tütenförmig geklebte Blätter über dem Wasserspiegel deponiert. Larven gestreckt, Maul breit, gleiten nach ca. 10 Tagen in das Wasser, Ende der Metamorphose nach etwa 3 Monaten.

Amerikanischer Laubfrosch

Hyla cinerea (Schneider, 1799)
Hylidae

GRÖSSE Bis 6,5 cm.
VERBREITUNG SO-Staaten der USA.
BESCHREIBUNG: Laubfroschform mit glatter Haut, graugrün bis leuchtend grün, teilweise mit cremefarbenem Flankenband.
LEBENSWEISE Vor allem Baum- und Buschbewohner.
TERRARIENGRÖSSE/-TYP 60 x 50 x 80 cm, Regenwaldterrarium mit Wasserteil oder hohes Aquaterrarium mit Kletterästen und dichtem Pflanzenwuchs. Täglich sollte gesprüht werden.
TEMPERATUR Luft 22–28 °C, Wasser 23–25 °C.
FUTTER Fliegende Insekten und deren Larven. Fütterung mit Beginn der Dämmerung, da die Frösche dann erst aktiv werden.
ZUCHT Ab Spätherbst Beleuchtung ausschalten, Fröche 2 Wochen fasten lassen. Dann Winterruhe (sehr feucht halten). Nach etwa 2–3 Monaten setzt man sie etwas höheren Temperaturen aus. Sind sie erwacht, kommen sie wieder in das Terrarium. Nun häufiger sprühen und die Temperaturen erhöhen (Wärmestrahler). Rufen die Männchen, treffen sie sich mit den Weibchen im Wasserteil und laichen dort ab. Aufzucht einfach.

Gestreifter Laubfrosch

Hyla crepitans (Wied, 1824)
Hylidae

GRÖSSE Bis 7 cm.
VERBREITUNG Mittel- und S-Amerika, Selva und Montaña.
BESCHREIBUNG Laubfroschform, rötlich gelbbraun bis rehbraun gefärbt. Dunkles Band vom Kopf bis zum After. Auf den cremefarbenen Flanken, den blassrosa gefärbten Oberschenkeln und der Außenseite der Oberarme findet man dunkle Querstreifen.
LEBENSWEISE Busch- und Baumbewohner.
TERRARIENGRÖSSE/-TYP 60 x 50 x 80 cm, Regenwaldterrarium mit Wasserteil. Bepflanzung mit großblättrigen stabilen Pflanzen, zwischen denen sich die Frösche verstecken können.
TEMPERATUR Tag: 26–28 °C, nachts 18–20 °C, hohe Luftfeuchtigkeit.
FUTTER Fliegende Insekten.
ZUCHT Hohes Aquaterrarium mit Lehm als Bodengrund. Regenzeit simulieren. Weibchen bauen in der Natur in Bachnähe eine Nestgrube in den Lehm mit bis zu 20 cm Durchmesser. Füllt sich der kleine Tümpel mit Wasser, klammern die Paare und das Weibchen legt zwischen 600–1000 schwarze kleine Eier hinein. Die Larven bleiben noch etwa zwei Wochen im Nest. Bald wird der Wall von den Kaulquappen zerstört und sie verteilen sich im Bach. Jungfrösche sind hellgrün und haben auf dem Rücken kleine dunkle Pünktchen. Aufzucht einfach.

Färberfrosch

Dendrobates tinctorius (Schneider, 1799)
Dendrobatidae

GRÖSSE Bis 6 cm.
VERBREITUNG Französich Guyana, NO-Brasilien, Selva.
BESCHREIBUNG Größte Dendrobatiden-Art, mit breiten, gelben, zum Teil verbundenen Streifen. Beine blau, schwarz gefleckt.
LEBENSWEISE Bodenbewohner, die sich zwischen Blättern und Laub verbergen.
TERRARIENGRÖSSE/-TYP 60 x 60 x 60 cm, Regenwaldterrarium mit halben Kokosnussschalen und Wasserteil. Als Bodendecker eignen sich Moospolster und Bubikopf (Helxine), Wurzeln als Versteck- und Klettermöglichkeit.
TEMPERATUR 18–26 °C, hohe Luftfeuchtigkeit.
FUTTER Winzige Insekten u. Ä.
ZUCHT Zeigt ein Weibchen Interesse an den Rufen des Männchen, wird ein geeigneter Eiablageplatz gesucht. Ein Gelege umfasst 3–14 Eier, Männchen besamt und bewässert regelmäßig das Gelege. Bis zur Metamorphose dauert es 9–12 Wochen. Die Jungfrösche sind nach etwa 12 Monaten geschlechtsreif.

Afrikanischer Krallengecko
Hemitheconyx caudicinctus
(Duméril & Bibron, 1851)
Gekkonidae

GRÖSSE Länge bis 20 cm.
VERBREITUNG West-Afrika.
BESCHREIBUNG: Ähnlicher Körperbau wie Leopardgecko, lediglich die Schnauzenspitze, die Zehen und der Schwanz sind etwas anders gebaut. Die Schnauze ist rundlicher, die Zehen sind kürzer und mit schwächeren Krallen besetzt. Ihr Schwanz ist leicht gewirtelt und plump, vor allem regenerierte Schwänze. Zeichnung besteht aus hell- und dunkelbraunen Querbändern, die durch Reihen weißer Flecken voneinander getrennt sind. Manchmal zieht vom Kopf bis Schwanz ein breiter weißer Streifen.
LEBENSWEISE Sehr ruhiger Bodenbewohner.
TERRARIENGRÖSSE/-TYP 50 x 50 x 40 cm, Savannenterrarium, man kann ein Männchen mit zwei Weibchen gemeinsam halten.
TEMPERATUREN Tagsüber 28–32 °C, nachts 20–22 °C.
FUTTER Insekten und deren Larven.
ZUCHT Etwa zwei Monate dauernde Winterruhe bei 10–15 °C. Weibchen legen die Eier in eine selbst gegrabene Eigrube. Man bebrütet sie bei 28–30 °C auf feuchtem Vermiculit oder Sand. Die Jungtiere schlüpfen nach ca. 60 Tagen.

Tokeh
Gecko gecko (Linnaeus, 1758)
Gekkonidae

GRÖSSE Länge bis 30 cm.
VERBREITUNG SO-Asien.
BESCHREIBUNG Blaugrau bis braungrau mit vielen tiefblauen oder orangeroten Flecken, recht kräftig gebaut. Pupille vertikal, gelappt. Zehen mit gut ausgebildeten Haftlamellen.
LEBENSWEISE Baumbewohner. Dämmerungs- und nachtaktiv. Sehr unverträglich, paarweise Haltung erforderlich. Der Tokeh kann empfindlich zubeißen.
TERRARIENGRÖSSE/-TYP 100 x 80 x 120 cm, großes Baumterrarium mit vielen kräftigen Ästen, mindestens 1 m hoch und 80 cm breit. Armdicke Kornröhren, hochkant hineingestellt, dienen als Versteckmöglichkeit. Kann in ausbruchsicheren Räumen frei gehalten werden.
TEMPERATUREN 25–32 °C, nachts 20 °C, hohe Luftfeuchtigkeit nötig, täglich sprühen.
FUTTER Vor allem Insekten und deren Larven, auch junge Mäuse.
ZUCHT Weibchen kleben die 18 x 20 mm großen Eier an eine Unterlage. Dort bewachen beide Eltern das Gelege. Bebrütet man die Eier bei 25–30 °C, schlüpfen nach 100–120 Tagen die Jungtiere. Sie sind leicht aufzuziehen.

Dickfingergecko
Pachydactylus bibronii
(Smith, 1846)
Gekkonidae

GRÖSSE Länge 18–20 cm, meist kleiner.
VERBREITUNG Südliches Afrika
BESCHREIBUNG Massiger Gecko mit breitem Kopf, Kegelschuppen bedecken den Körper. Oberseite braungrau, aber auch auch hellbraun oder rötlichbraun. Gezackte oder in Flecken aufgelöste Querbinden, weiße Punkte an den Spitzen der Kegelschuppen.
LEBENSWEISE Vor allem morgens und gegen Abend aktiv, manchmal auch tagsüber außerhalb des Verstecks zu beobachten. Leben häufig gesellig.
TERRARIENGRÖSSE/-TYP 60 x 60 x 80 cm, Felsenterrarium oder Baumterrarium (Hochformat).
TEMPERATUREN Tagsüber 29–31 °C, nachts 18–22 °C; Luftfeuchtigkeit: 40–50 %.
FUTTER Gliedertiere aller Art.
ZUCHT Bodengrund muss an einer Stelle leicht feucht und grabfähig sein. Weibchen legen die Eier in eine selbst gegrabene Grube und scharren darüber einen kleinen Erdhügel. Bei 28 °C schlüpfen die Jungtiere nach 45–50 Tagen.

Großer Madagaskar-Taggecko
Phelsuma madagascariensis grandis
(Gray, 1870)
Gekkonidae

GRÖSSE Länge bis 30 cm.
VERBREITUNG Ost-Madagaskar, Sainte Marie.
BESCHREIBUNG Grundfarbe grün mit roter dreieckiger oder V-förmigen Kopfzeichnung. Rote Flecken bilden auf dem Rücken Doppelreihen.
LEBENSWEISE Tagaktiver Baumbewohner.
TERRARIENGRÖSSE/-TYP 90 x 90 x 120 cm; Baumterrarium mit oben offenen Bambusstäben, in die die Geckos bequem hinein passen.
TEMPERATUREN 25–28 °C; Luftfeuchtigkeit: 50–70 %.
FUTTER Gliederfüßer aller Art, auch süßliche Früchte.
ZUCHT Haltung grundsätzlich paarweise. Bei guter Fütterung legen die Weibchen in Abständen von 2–4 Wochen 1–2 Eier oben in einen Bambusstab. Nach dem Aushärten der Schale kann man den Bambusstab aus dem Terrarium nehmen, die Eier vorsichtig herausrollen lassen und in einen Brutbehälter legen. Die Lage der Eier kann dabei verändert werden. Bei 28 °C schlüpfen nach etwa 50–55 Tagen die 55–58 mm langen Jungtiere.

Wundergecko
Teratoscincus scincus (Schlegel, 1858)
Gekkonidae

GRÖSSE Gesamtlänge: 15 bis 19 cm.
VERBREITUNG Iran, Kasachstan, West-China.
BESCHREIBUNG: Gelblich bis gelblichbraun gefärbter Gecko mit dunklen Querbinden auf dem Rücken. Haut sehr empfindlich!
LEBENSWEISE Ruhiger Bodenbewohner, der den Tag häufig in tiefen Erdhöhlen verbringt.
TERRARIENGRÖSSE/-TYP 40 x 40 x 40 cm; Wüstenterrarium. Bodengrund sollte ein mindestens 10 cm hohes Sand-Lehm-Gemisch sein. Die unteren Schichten immer leicht feucht halten. Großzügige Eiablagebox, dient gleichzeitig als Versteck. Fest gelagerte flache Steine ermöglichen das Graben von Höhlen.
TEMPERATUREN Tagsüber 30–40 °C, nachts wesentlich kühler.
FUTTER Gliedertiere aller Art.
ZUCHT Winterruhe sollte 3–4 Wochen dauern mit spärlicher Beleuchtung und Temperaturen von 10–15 °C. Die Weibchen legen 2–4 Gelege pro Saison. Die Eier sind empfindlich und haben eine sehr dünnwandige Schale, die leicht zerbricht. Bei Temperaturen um 26–32 °C und einer Luftfeuchtigkeit von etwa 40 % schlüpfen Jungtiere nach 75–95 Tagen. Vorsicht, die Eltern stellen ihrem Nachwuchs nach!

Afrikanischer Zwerggecko
Lygodactylus picturatus
(Peters, 1896)
Gekkonidae

GRÖSSE Länge bis 8,5 cm.
VERBREITUNG Süd-Tansania bis Sambia, im Westen bis Ost-Zaire; Madagaskar.
BESCHREIBUNG Vorwiegend braun und grau gefärbt; Männchen auf Kopf und Oberkörper gelb mit dunkelbraunen Streifen und Flecken, Kehle schwarz; Weibchen unscheinbarer gefärbt, aber mit braun-gelblicher Kopf- bzw. Nacken-Zeichnung. Auf ihrer Unterseite haben diese Geckos typische Haftpolster.
LEBENSWEISE Baumbewohner.
TERRARIENGRÖSSE/-TYP 50 x 40 x 50 cm, Baumterrarium.
TEMPERATUREN: 23–28 °C.
FUTTER Kleine Insekten und deren Larven, kleines Wiesenplankton.
ZUCHT Weibchen legen die Eier in kleine Spalten. Bei 25–30 °C schlüpfen die Jungtiere nach etwa 65 bis 87 Tagen.

Kugelfingergecko
Sphaerodactylus elegans (MacCleay, 1834)
Gekkonidae

GRÖSSE Gesamtlänge: 6 bis 7,5 cm
VERBREITUNG Kuba, Hispaniola und Süd-Florida.
BESCHREIBUNG Der hellbraune Rücken ist gelblich-braun gepunktet. Auf dem helleren Schwanz findet man dunkle, geschnörkelte Längsstreifen.
LEBENSWEISE V. a. in der Dämmerung aktiv.
TERRARIENGRÖSSE/-TYP 30 x 30 x 30 cm; Kombination aus Steppen- und Felsenterrarium. Als Bodengrund eignet sich ein Sand-Torf-Gemisch. Die Fugen aufgeschichteter Steine bieten Versteckmöglichkeiten, ebenso einige trockene große Blätter auf dem Boden.
TEMPERATUREN Tagsüber 29–32 °C, nachts 18–22 °C, Luftfeuchtigkeit: morgens und abends sprühen (80–90 %), tagsüber 50–60 %.
FUTTER Kleine Insekten.
ZUCHT Weibchen legen immer nur 1 Ei in Fugen und kleine Höhlen, dies mehrmals im Jahr. Bei Temperaturen um 28 °C schlüpfen die Jungtiere nach 55–65 Tagen.

Leopardgecko
Eublepharis macularius (Blyth, 1854)
Eublepharinae

GRÖSSE Länge 20–22 cm.
VERBREITUNG Kleinasien bis NW-Indien
BESCHREIBUNG Sehr kräftiger Bodengecko. Grundfarbe grau bis gelblich. Rückenflecken bräunlich bis schwarz. Die Querbinden können schwach oder stark sein. Körper mit vielen kleinen warzenartigen Höckerschuppen.
LEBENSWEISE Sehr ruhiger Bodenbewohner, gut geeignet für Einsteiger.
TERRARIENGRÖSSE/-TYP 50 x 40 x 40 cm, Wüstenterrarium. Eiablageplatz/Eiablagebox mit grabfähigem Substrat (Torf-Sand-Gemisch) versehen. Als Versteckmöglichkeit kann auch eine Steinplatte auf zwei Ziegelsteinen dienen.
TEMPERATUREN Tagsüber 28–32 °C, nachts 20–22 °C, Luftfeuchtigkeit: um 60 °C.
FUTTER Tierische Kost, vor allem Insekten und deren Larven.
ZUCHT Etwa zwei Monate dauernde Winterruhe bei 10–15 °C. Weibchen legen die Eier in eine selbst gegrabene Eigrube. Man bebrütet sie bei 28–30 °C auf feuchtem Vermiculit oder Sand. Die Jungtiere schlüpfen nach ca. 60 Tagen.

Nackenstachler

Acanthosaura armata (Hardwicke & Gray, 1827)
Agamidae

GRÖSSE Länge bis 30 cm, meist kleiner.
VERBREITUNG Süd-Thailand, Halbinsel Malaysia, Pulau Tioman, Penang, Singapore, Anamba-Inseln.
BESCHREIBUNG Kopf wirkt dreieckig, scharfkantige Augenbrauenbögen. Kurz hinter der höchsten Stelle sitzt ein langer Stachel, der an der Basis von weiteren kleineren Stacheln umgeben ist. Beiderseits des Nacken- und Rückenkammes weitere Stacheln. Nacken- und Rückenkamm bestehen aus stachelartigen Schuppen mit 2 bis 3 Reihen kleinerer Basisschuppen. Färbung sehr variabel.
LEBENSWEISE Baumbewohner, die bei der Flucht oft auf den Boden springen und sich dort verstecken. Häufig auch auf erhöhten Felsen zu beobachten.
TERRARIENGRÖSSE/-TYP 75 x 60 x 100 cm; Regenwald-Terrarium.
TEMPERATUREN 23 bis 27 °C.
FUTTER Tierische Kost.
ZUCHT Weibchen graben eine Nistgrube, in die sie meist 12 bis 15 Eier legen. Bei Temperaturen zwischen 24 bis 26 °C dauert es bis zum Schlupf der Jungtiere 180 bis 190 Tage.

Bartagame

Pogona barbatus (Cuvier, 1829)
Agamidae

GRÖSSE Gesamtlänge bis 50 cm.
VERBREITUNG Australien.
BESCHREIBUNG Körper abgeflacht. Der breite Kopf wirkt massig und besitzt einen charakteristischen „Bart“. Die Schuppen der hinteren Kehl- und Kopfseitenschuppen sind stachelig verlängert und können gespreizt werden. Je nach Stimmung sind die Tiere gelblich bis fast schwarz.
LEBENSWEISE Leben vorwiegend in trockenen, zum Teil recht felsigen Regionen. Dabei herrscht innerhalb der Gruppe eine strenge Rangordnung.
TERRARIENGRÖSSE/-TYP 125 x 100 x 100 cm; Savannenterrarium.
TEMPERATUREN 25–40 °C.
FUTTER Gliedertiere aller Art.
ZUCHT Die Weibchen können Gelege produzieren, die zwischen 11 bis 27 Eier umfassen. Bei 26 bis 30 °C dauert es bis zum Schlupf der Jungtiere etwa 76 bis 105 Tage.

Australische Wasseragame

Physignatus lesueurii (Gray, 1831)
Agamidae

GRÖSSE Gesamtlänge bis zu einem Meter.
VERBREITUNG Südliches Neuguinea, östliches Australien.
BESCHREIBUNG Der gezackte Kamm reicht vom Nacken bis zum Schwanz und ist bei Männchen besonders kräftig ausgebildet. Grundfarbe grau bis graubraun. Der schwarze Hinteraugenstreifen zieht über die Ohren bis zum Nacken. Die barrenförmige Zeichnung reicht vom Hals bis zum Schwanz.
LEBENSWEISE Ausgezeichnete Schwimmer, die tagsüber häufig auf einem Ast über dem Wasser ruhen.
TERRARIENGRÖSSE/-TYP 200 x 200 x 200 cm; Aquaterrarium mit Kletterästen und Kunsthöhle (z. B. hohler Baumstumpf, etc.).
TEMPERATUREN 25 bis 28 °C.
FUTTER Tierische Kost und Obst.
ZUCHT Weibchen gräbt vor der Eiablage ein etwa 20 cm tiefes Loch. Ein Gelege umfasst meist 8 bis 12 Eier (maximal 20 Eier). Bei Temperaturen zwischen 26 bis 30 °C schlüpfen die Jungtiere nach 67 bis 105 Tagen.

Mali-Dornschwanzagame

Uromastyx maliensis
(Joger & Lambert, 1996)
Agamidae

GRÖSSE Gesamtlänge:bis 45 cm.
VERBREITUNG Nord-Mali und SW-Algerien.
BESCHREIBUNG Stark abgeflachter Körper mit einem deutlich davon abgesetzen Kopf. Am Hinterkopf Seitenwülste. Der Schwanz ist keulenartig und mit wirtelig angeordneten, stark gekielten Schuppen besetzt. Männchen sind kräftiger gebaut und wesentlich dunkler als Weibchen gefärbt.
LEBENSWEISE Bewohner der vegetationsarmen, trockenheißen Halbwüsten. Sie graben tiefe Gänge in den Boden, um sich vor der Tageshitze zu schützen.
TERRARIENGRÖSSE/-TYP: 100 x 100 x 80 cm; Savannenterrarium mit geräumiger Kunsthöhle.
TEMPERATUREN 22 bis 40 °C.
FUTTER Vor allem pflanzliche, aber auch tierische Kost.
ZUCHT Die Weibchen graben eine Nisthöhle, in die sie 4 bis 28 Eier legen können. Bei 28 bis 33 °C schlüpfen die Jungtiere nach 89 bis 135 Tagen.

Stachelchamäleon
Brookesia stumpfii (Boettger, 1894)
Chamaeleonidae

GRÖSSE Gesamtlänge: maximal 10 cm.
VERBREITUNG Nordwestküste Madagaskars und Insel Nosy-Bé.
BESCHREIBUNG Flacher Kopf, zwei dachartige dreieckige Ausläufer über den Augen, mit etwas vergrößerten Schuppen besetzt. Körper walzenförmig, entlang der Wirbelsäule verläuft bis zum Schwanz auf beiden Körperseiten eine Reihe von deutlichen Dornen. Grundfärbung aus einem fleckigen Braun, Rotbraun, Grau bis Olivgrün.
LEBENSWEISE Bodenbewohner, die fast den ganzen Tag im Unterwuchs nach kleinen Insekten suchen. Nachts klettern sie zum Schlafen etwa 20 bis 50 cm hoch auf Zweige und dünne Äste.
TERRARIENGRÖSSE/-TYP 40 x 40 x 30 cm, Regenwaldterrarium.
TEMPERATUREN 23 bis 28 °C, nachts 18 °C.
FUTTER Kleine Insekten u. Ä.
ZUCHT Weibchen legt die 2 bis 5 Eier in kleine, etwa 10 cm tiefe Gruben, die es anschließend zuscharrt, oder unter Steine. Bei Temperaturen zwischen 18 bis 25 °C schlüpfen nach 29 bis 68 Tagen die Jungtiere.

Jemenchamäleon
Chamaeleon calyptratus
(Duméril & Duméril, 1851)
Chamaeleonidae

GRÖSSE Gesamtlänge bis 47 cm.
VERBREITUNG Jemen, Saudi-Arabien.
BESCHREIBUNG Sehr bunt und kräftig. Nur Männchen erreichen die angegebene Größe, Weibchen bleiben kleiner. Männchen sind auch an dem inposanten „Helm“ erkennbar. Durch Farbwechsel sind die verschiedenen Stimmungslagen der Tiere erkennbar.
LEBENSWEISE Baumbewohner, der aber hin und wieder auch den Boden aufsucht.
TERRARIENGRÖSSE/-TYP 120 x 60 x 120 cm; Baumterrarium mit kräftigen Kletterästen.
TEMPERATUREN 25 bis 35 °C.
FUTTER Tierische und pflanzliche Kost.
ZUCHT Die Weibchen legen in eine selbst gegrabene Grube zwischen 20 bis 50 Eier. Es soll sogar noch umfangreichere Gelege geben. Bei Temperaturen zwischen 22 und 32 °C verlassen die Jungtiere nach 168 bis 220 Tagen die Eihüllen.

Dreihorn-Chamäleon
Chamaeleon jacksonii (Boulenger, 1896)
Chamaeleonidae

GRÖSSE Gesamtlänge bis 32 cm.
VERBREITUNG Ost-Afrika; Kenia, Tansania, Uganda.
BESCHREIBUNG Männchen besitzen drei Schnauzenhöcker, von denen der mittlere leicht nach oben gebogen ist und direkt über der Schnauzenspitze liegt. Außerdem haben die Echsen einen ausgeprägten Rückenkamm. Weibchen haben an den Hornansatzstellen nur unauffällige Kegelschuppen. Die Grundfarbe ist grün bis gelblichbraun.
LEBENSWEISE: Baumbewohner, leben in kühleren, regenreichen Hochgebirgswäldern.
TERRARIENGRÖSSE/-TYP 100 x 60 x 120 cm, Baum- bzw. Regenwaldterrarium mit vielen Kletterästen.
TEMPERATUREN 22 bis 27 °C, nachts 15 °C, hohe Luftfeuchtigkeit erforderlich.
FUTTER Tierische Kost.
ZUCHT Die Weibchen legen keine Eier, sondern gebären pro Wurf zwischen 7 bis 38 Jungtiere.

Grüner Leguan
Iguana iguana (Linnaeus, 1758)
Iguanidae

GRÖSSE Gesamtlänge ca. 100 bis 150 cm.
VERBREITUNG Südmexiko bis in das zentrale Südamerika.
BESCHREIBUNG Überwiegend grün gefärbt, können im Alter aber auch eine gräuliche oder bräunliche Färbung bekommen. Diese wird von Querbinden unterbrochen. Auffällig sind der häutige Kehlsack und der hohe Rückenkamm.
LEBENSWEISE Baumbewohner, können ausgezeichnet schwimmen. Leben meist in der Nähe von Gewässern; in trockenen Gebieten bleiben sie kleiner.
TERRARIENGRÖSSE-/TYP: 350 x 200 x 250 cm, Regenwald- bzw. Baumterrarium mit einem Wasserteil.
TEMPERATUREN 25 bis 30 °C, hohe Luftfeuchtigkeit.
FUTTER Jungtiere mehr tierische, Halbwüchsige und Erwachsene vor allem pflanzliche Kost.
ZUCHT Weibchen können zwischen 10 bis maximal 60 Eier ablegen, aus denen bei Temperaturen von 28 bis 32 °C nach 65 bis 100 Tagen die Jungtiere schlüpfen.

Chuckwalla

Sauromalus obesus (Baird, 1858)
Iguanidae

GRÖSSE Gesamtlänge bis 42 cm.
VERBREITUNG USA und Mexiko.
BESCHREIBUNG Echse mit dunkler Färbung. Plumper Körper, abgeplattet und massig. Am Nacken und an den Seiten lose hängende Hautfalten. Brust und Beine der Männchen sind meist schwarz oder dunkelbraun gefärbt, Weibchen sind braun, grau bis gelblich. Manchmal haben die Echsen auch eine Bänderzeichnung.
LEBENSWEISE Felsenbewohner, wohnen in Kolonien, die vom größten und stärksten Männchen kontrolliert werden.
TERRARIENGRÖSSE/-TYP 125 x 100 x 100 cm; Felsenterrarien- bzw. Wüstenterrarium mit Steinhaufen, in denen sich Kunsthöhlen befinden.
TEMPERATUREN 25 bis 40 °C.
FUTTER Vorwiegend pflanzliche Kost, Jungtiere eher tierische Kost.
ZUCHT Eine Winterruhe von zwei bis drei Monaten bei 10–15 °C ist vorteilhaft. Weibchen legen erstmals nach 4 bis 7 Jahren Eier. Bei einer Temperatur von etwa 30 °C schlüpfen die Jungtiere nach 70 bis 80 Tagen.

Streifenbasilisk

Basiliscus vittatus (Wiegmann, 1828)
Iguanidae

GRÖSSE Gesamtlänge bis 75 cm.
VERBREITUNG Süd-Mexiko bis Kolumbien.
BESCHREIBUNG Dieser Basilisk ist braun gefärbt. An seinen Seiten findet man auch unterschiedlich stark ausgeprägte gelbe bis cremefarbene Streifen. Zudem besitzen sie einen Hinterkopf-Hautlappen, einen Rücken- und Schwanzkamm. Diese Merkmale sind bei den Männchen ausgeprägter. Weibchen haben außerdem auch eine dunkle Querbänderung auf dem Körper.
LEBENSWEISE Bevorzugen feuchte, vegetationsreiche Bereiche, sind sogar Kulturfolger.
TERRARIENGRÖSSE 200 x 150 x 200 cm.
TERRARIUM Geräumiges Regenwaldterrarium.
TEMPERATUREN 25 °C, hohe Luftfeuchtigkeit nötig.
FUTTER Gliedertiere, Schnecken
ZUCHT Weibchen können innerhalb eines Jahres bis zu drei Gelege mit je 5–7 Eiern legen.

Brauner Anolis

Anolis sagrei
(Duméril & Bibron, 1837)
Iguanidae

GRÖSSE Gesamtlänge bis 20 cm.
VERBREITUNG Kuba, Cayman Inseln, Florida, Mexiko an der Atlantikküste, Belize und West-Jamaika.
BESCHREIBUNG Grundfarbe aus hellem oder dunklem Braun oder Grau. Darauf ist eine recht variable Zeichnung, häufig bestehend aus einige Rauten entlang des Rückens. Die Kehlfahne der Männchen ist rot bis orange.
LEBENSWEISE Bevorzugen die offene Landschaft und sind recht anpassungsfähig. Sitzen gern kopfüber auf Zaunpfählen.
TERRARIENGRÖSSE 80 x 60 x 60 cm; Feucht-, Baum- oder Felsenterrarium mit einigen Kletterästen!
TEMPERATUREN 25 bis 30 °C.
FUTTER Gliedertiere aller Art.
ZUCHT Die Weibchen vergraben im Bodengrund immer nur ein Ei. Innerhalb einer Saison sind 12 bis 15 Eiablagen möglich. Bei Temperaturen zwischen 23 und 28 °C dauert es bis zum Schlupf der Jungtiere etwa 36 bis 45 Tage.

Mexikanischer Stachelleguan

Sceloporus poinsetti
(Baird & Girard, 1852)
Iguanidae

GRÖSSE Gesamtlänge bis 26 cm.
VERBREITUNG Nord-Mexiko (Chihuahua, Coahuila, Durango und Nuevo Leon), USA (Süd- New Mexiko, Südwest-Texas).
BESCHREIBUNG Beide Geschlechter schmückt je ein tiefschwarzes Halsband, das an den Seiten verbreitert und helbgelb eingefasst ist. Männchen haben eine türkisblaue Kehle und je zwei türkisblaue und schwarze Streifen am Bauch unterhalb der Flanken. Weibchen fehlt diese Zeichnung.
LEBENSWEISE Leben in den trockenen, felsigen Hängen der Sierra Madre.
TERRARIENGRÖSSE/-TYP: 75 x 60 x 75 cm; Felsterrarium mit bekletterbarer Rückwand.
TEMPERATUREN 30 bis 35 °C, lokal bis 42 °C.
FUTTER Vorwiegend tierische Kost, aber auch Pflanzenkost (liebt Löwenzahnblüten).
ZUCHT Kühle Überwinterung fördert die Fortpflanzungsbereitschaft. Weibchen können bei einem Wurf bis zu 16 Jungtiere gebären.

Maskenleguan
Leiocephalus personatus
(Cope, 1862)
Iguanidae

GRÖSSE Gesamtlänge bis 25 cm.
VERBREITUNG Haiti.
BESCHREIBUNG Grundfarbe bräunlich bis beige, Schwanz mit rötlichen Pünktchen. Im Augenbereich eine braune „Maske". An den Flanken rote und weiße Pünktchen, oft auch ein heller Seitenstreifen. Entlang der Rückenmitte vom Kopf bis zum Schwanz ein flacher Rückenkamm aus Kielschuppen.
LEBENSWEISE Bewohner der trockenen, sonnigen Habitate – vom Strand über Kakteensteppen bis zu lichten Wäldern. Bei Erregung wackeln sie heftig mit dem Schwanz.
TERRARIENGRÖSSE/-TYP 75 x 60 x 60 cm. Terrarium: Savannenterrarium mit zahlreichen Versteckmöglichkeiten.
TEMPERATUREN 25 bis 30 °C, lokal 35 °C.
FUTTER Tierische Kost, v. a. Gliedertiere, zur Abwechslung auch Grünfutter und Früchte .
ZUCHT Die Echsen sollten in der kühlen Jahreszeit einige Wochen bei etwa 15 °C verbringen. Danach erfolgen meist bald Paarungen. Weibchen legen innerhalb einer Saison zwei bis drei Gelege mit bis zu 8 Eiern. Bei Temperaturen zwischen 25 und 30 °C schlüpfen nach 65 bis 85 Tagen die Jungtiere.

Steppenwaran
Varanus exanthematicus (Bosc, 1792)
Varanidae

GRÖSSE Gesamtlänge bis 130 cm.
VERBREITUNG: West- und Zentralafrika, südlich bis Zaire und Nordangola.
BESCHREIBUNG Es gibt von dieser Art verschiedene Unterarten, wobei die Nominatform nur etwas über 100 cm lang wird. Die Tiere sind grau bis graubraun gefärbt und besitzen kräftige Köpfe und Körper.
LEBENSWEISE Leben in trockenen Savannenbereichen, zum Teil auch in felsigen Bereichen. Sie sollen Gewässer meiden.
TERRARIENGRÖSSE/TYP 400 x 200 x 200 cm, geräumiges Savannenterrarium mit großer-Kunsthöhle bzw. Eiablagebox.
TEMPERATUREN 25 bis 35 °C, lokal 40 °C.
FUTTER Tierische Kost, auch Rindfleischstückchen und Eier.
ZUCHT Weibchen können bis zu 41 Eier legen. Bei einer Temperatur von 32 °C schlüpfen die Jungtiere nach etwa 127 bis 132 Tagen, bei 29 °C nach 169 bis 194 Tagen.

Sudan-Schildechse
Gerrhosaurus major (Duméril, 1851)
Gerrhosauridae

GRÖSSE Gesamtlänge bis 56 cm.
VERBREITUNG Ost- und Südostafrika.
BESCHREIBUNG Die großen Rückenschuppen sind dunkelbraun und einfach gekielt, die Kehle ist gelblich bis rosa gefärbt. Es gibt verschiedene Unterarten, bei denen man zum Teil feine schwarze Längsstreifen findet.
LEBENSWEISE Bodenbewohner trockener Savannen und felsiger Gebiete.
TERRARIENGRÖSSE/-TYP 200 x 120 x 120 cm, Savannenterrarium oder Felsenterrarium mit Versteckmöglichkeiten.
TEMPERATUREN 25 bis 32 °C, lokal 35 °C.
FUTTER Tierische Kost, selten auch Obst.
ZUCHT Weibchen legen meist 2 bis 3 Eier. Bei Temperaturen zwischen 26 und 30 °C schlüpfen die Jungtiere nach 110 bis 145 Tagen.

Zwerggürtelschweif
Cordylus cordylus (Linnaeus, 1758)
Cordylidae

GRÖSSE Gesamtlänge bis 18 cm.
VERBREITUNG Südliches Afrika, nördlich bis Süd-Äthiopien.
BESCHREIBUNG Die Grundfarbe kann aus verschiedenen Brauntönen bestehen, häufig sind sie mittelbraun. Zwergürtelschweife sind nur wenig gestachelt.
LEBENSWEISE Die Echsen besiedeln steinige, trockene Gebiete, weniger felsige Bereiche. In den Buschsteppen findet man sie auch unter liegenden Baumstämmen o. Ä.
TERRARIENGRÖSSE/-TYP 70 x 40 x 50 cm, Savannenterrarium.
TEMPERATUREN 25 bis 30 °C, lokal bis 35 °C.
FUTTER Tierische Kost.
ZUCHT Weibchen gebären lebende Jungtiere.

Perleidechse
Timon lepidus (Daudin, 1802)
Lacertidae

GRÖSSE Gesamtlänge bis 60 cm.
VERBREITUNG Iberische Halbinsel, außer im nördlichen Küstenbereich und in den Pyrenäen. In Frankreich entlang des Mittelmeeres bis nach Italien.
BESCHREIBUNG Größte Eidechse Europas. Oberseite grünlich, selten bräunlich oder grau gefärbt. Markant sind die großen blauen Flecken an den Flanken. Männchen haben einen massigeren Kopf als Weibchen.
LEBENSWEISE Bevorzugen felsiges, sehr sonniges Gelände, auch Kulturflächen.
TERRARIENGRÖSSE/-TYP 150 x 80 x 150 cm; Felsenterrarium, Freiluftterrarium.
TEMPERATUREN 25–30 °C, lokal 35 °C.
FUTTER Tierische Kost.
ZUCHT 2–3 Monate Winterruhe (10–15 °C). Weibchen können pro Gelege bis zu 20 Eier legen. Bei Temperaturen zwischen 28 bis 31 °C schlüpfen die Jungtiere nach 67 bis 86 Tagen.

Wickelskink
Coruca zebrata (Gray, 1855)
Scincidae

GRÖSSE Gesamtlänge bis 75 cm.
VERBREITUNG Salomonen-Inseln Bougainville, Choiseul, New Georgia, Isabel, Guadalcanal, Nggela, Malaita, San Cristobal, Ugi, Santa Ana und Shortlands.
BESCHREIBUNG Glattschuppige Echsen mit blass-olivgrüner bis graugrüner Grundfarbe. Auf dem Rücken hellere und dunklere Flecken und Streifen („zebrata"). Greifschwanz braun oder olivgrün.
LEBENSWEISE Baumbewohner, die sich gern mit dem Greifschwanz an Ästen etc. festhalten. Bei Gefahr fauchen sie, kratzen und beißen. Steigen auf der Suche nach Nahrung auch auf den Boden.
TERRARIENGRÖSSE/-TYP 200 x 150 x 250 cm, sehr geräumiges Baumterrarium mit kräftigen Kletterästen. Futterschüssel in halber Höhe anbringen.
TEMPERATUREN 25 bis 30 °C, lokal 35 °C.
FUTTER Grünfutter und Obst, zum Teil auch tierische Kost (Hackfleisch, Ei).
ZUCHT Weibchen bringen nach einer Trächtigkeitsdauer von etwa sechs Monaten 1 bis 2 Jungtiere zur Welt.

Kornnatter
Elaphe guttata (Linnaeus, 1766)
Colubridae

GRÖSSE Gesamtlänge 80 bis 120 cm.
VERBREITUNG Südosten und Süden der USA und NO-Mexiko.
BESCHREIBUNG Orange bis hellbraune oder graue Grundfarbe mit großen Sattel- oder Seitenflecken. Unterseite hell mit schwarzen Flecken.
LEBENSWEISE Sehr anpassungsfähig. Eher dämmerungs- und nachtaktiv. Schlange lebt in Wäldern, Prärien, Halbwüsten. Als Kulturfolgerin ist sie häufig an Kornfeldern und in verkrauteten Plantagen zu finden.
TERRARIENGRÖSSE/-TYP 120 x 60 x 1200 cm, Baumterrarium.
TEMPERATUREN 25 bis 28 °C, lokal bis 35 °C.
FUTTER Mäuse, Eintagsküken, alle ein bis zwei Wochen ein oder zwei Mäuse. Jungtiere: Babymäuse. Tiere können auch an tote Mäuse gewöhnt werden.
ZUCHT Man überwintert die Nattern für 2–3 Monate bei 8 bis 15 °C. Anschließend beginnt die Paarungszeit. Weibchen legen 10 bis 14, im Extremfall über 30 Eier. Bei Temperaturen von 25 bis 29 °C schlüpfen die Jungtiere nach 55 bis 85 Tagen. Manchmal müssen Jungtiere am Anfang zwangsgefüttert werden.

Strumpfbandnatter
Thamnophis sirtalis (Linnaeus, 1766)
Colubridae

GRÖSSE Gesamtlänge 130 cm.
VERBREITUNG: Südkanada, USA, Nordmexiko.
BESCHREIBUNG 11 Unterarten bekannt. Grundfarbe kann schwarz, braun, grünlich bis gelblich sein. Ein Rücken- und zwei Seitenstreifen sind für die Art charakteristisch, je nach Unterart verschieden gefärbt. Männchen bleiben deutlich kleiner.
LEBENSWEISE Tagaktiven Schlangen, leben immer in der Nähe von Gewässern, vor allem in feuchten oder sumpfigen Gebieten, aber auch auf Wiesen, Feldern, Wäldern.
TERRARIENGRÖSSE 130 x 75 x 75 cm, Aquaterrarium, auf dem Landteil Versteckmöglichkeiten bieten.
TEMPERATUREN 20 bis 30 °C.
FUTTER Tierische Kost (Fische, Regenwürmer, Schnecken, Amphibien), frisst auch Fisch- und Fleischstreifen.
ZUCHT Überwinterung für zwei bis drei Monate bei 5 bis 15 °C. Nach einer Trächtigkeit von ungefähr drei Monaten gebärt das Weibchen 12–40 Jungtiere.

Dreistreifen-Klappschildkröte
Kinosternon baurii (Garman, 1891)
Kinosternidae

GRÖSSE Panzerlänge 7,5–12 cm.
VERBREITUNG Osten der USA.
BESCHREIBUNG Rückenpanzer bräunlich bis schwarz und mit drei hellen Längsstreifen. An jeder Kopfseite zwei helle Streifen. Bauchpanzer gelb bis hellbraun mit grauen Flecken. Die Panzeröffnungen können durch die beweglichen Bauchpanzerteile fast völlig geschlossen werden.
LEBENSWEISE Bewohnt stehende Gewässer und Sümpfe mit dichter Vegetation und weichem Bodengrund, dämmerungsaktiv.
TERRARIENGRÖSSE/-TYP 50 x 30 cm Grundfläche; Aquaterrarium mit Unterwasser-Versteckmöglichkeiten. Oder Flussuferterrarium, Wasserstand entspricht der Panzerlänge. Höhle unter dem Landteil als Versteckmöglichkeit, sodass die Schildkröten auch im Verborgenen Luft holen können.
TEMPERATUREN 20–25 °C.
FUTTER Tierische Kost.
ZUCHT Nach 6–12 Wochen Überwinterung sind Paarungen zu beobachten, die wiederholt werden. Meist werden 2–3 Eier gelegt. Bei Temperaturen zwischen 25 und 30 °C schlüpfen nach etwa 120 Tagen die Jungtiere.

Zierschildkröte
Chrysemys picta (Schneider, 1789)
Emydidae

GRÖSSE Panzerlänge bis 18 cm.
VERBREITUNG Süd-Kanada, Ost-USA.
BESCHREIBUNG Rückenpanzer glatt, oben dunkelbraun. Randschilder oben und unten rötlich gefleckt. Rippen- und Wirbelschilder bilden Querreihen und haben am Vorderrand helle Streifen. Bauchpanzer gelb. Kopf, Hals, Beine und Schwanz mit rötlich-gelblichen Linien- und Flecken. Männchen mit längeren Vorderkrallen und kräftigerem Schwanz.
LEBENSWEISE Bevorzugen stehende und langsam fließende Gewässer mit dichter Vegetation. Mögen ausgiebige Sonnenbäder.
TERRARIENGRÖSSE/-TYP 120 x 60 cm Grundfläche; Flussuferterrarium, Freiland.
TEMPERATUREN 22 bis 25 °C.
FUTTER Tierische Kost.
ZUCHT Die Tiere sollten in der kalten Jahreszeit 6–12 Wochen kühler gehalten oder überwintert werden. Die Paarungszeit beginnt oft im März und endet etwa Mitte Juni. Weibchen legen 2–5 Eier pro Gelege. Bei 25–30 °C schlüpfen die Jungtiere nach 59–65 Tagen.

Echte Landkarten-Höckerschildkröte

Graptemys geographica (Le Sueur, 1817)
Emydidae

GRÖSSE Panzerlänge bis 25 cm.
VERBREITUNG Kanada und USA.
BESCHREIBUNG Rückenpanzer olivbraun bis bräunlich mit gelbem Linienmuster („Landkarte"). Vor allem Jungtiere haben auf dem 1. Wirbelschild einen kleinen „Höcker". Auf den Weichteilen findet man eine gelbe Linienzeichnung. Männchen bleiben deutlich kleiner und besitzen einen kräftigeren Schwanz.
LEBENSWEISE Bevorzugen klare Fließgewässer mit Steinen und Baumstümpfen, die aus dem Wasser ragen, mögen Sonnenbäder
TERRARIENGRÖSSE/-TYP: 120 x 60 cm Grundfläche; Flussufer-Terrarium.
TEMPERATUREN 22–26 °C.
FUTTER Tierische Kost.
ZUCHT Etwa 4–6 Wochen nach der Paarung legt das Weibchen pro Gelege 8–9 Eier. Bei einer Bruttemperatur von 25–30 °C schlüpfen die Jungtiere nach 60 bis 70 Tagen.

Gelbrand-Scharnierschildkröte

Cuora flavomarginata (Gray, 1863)
Emydidae

GRÖSSE Panzerlänge 18–20 cm.
VERBREITUNG Süd-China, Taiwan und Japan.
BESCHREIBUNG Stark gewölbter, lang gestreckter Rückenpanzer, dunkelbraun bis schwarz. Ein Mittelkiel hebt sich gelblich ab. Bauchpanzer schwarz. Der gelbliche Kopf ist oberseits mittelbraun. Ein hellgelber zieht hinter dem Auge bis zum Nacken. Männchen haben einen kräftigeren Schwanz.
LEBENSWEISE Leben in Sumpfgebieten und an den Rändern flacher Gewässer.
TERRARIENGRÖSSE/-TYP: 80 x 40 cm, Feuchtterrarium. Schwimmen nicht gern, daher Landteil und Moospolster als Versteckmöglichkeit nötig. Wassernapf genügt.
TEMPERATUREN 22–25 °C.
FUTTER Tierische, z. T. auch pflanzliche Kost.
ZUCHT Weibchen legen meist 1–3 Eier, auch mehrmals in der Saison. Bei 26–32 °C nach 65–76 Tagen Schlupf der Jungtiere .

Für jedes Tier das richtige Zuhause

Bevor Sie sich ein Terrarium anschaffen, müssen Sie unbedingt wissen, welche Tiere sie später darin pflegen möchten. Denn Größe, Form und Einrichtung des Behälters richtet sich nach der Lebensweise ihrer Bewohner. Für kletternde Arten sind höhere Terrarien, für Bodenbewohner großflächigere Terrarien sinnvoll. Und für aquatil lebende oder streng an das Wasser gebundene Arten kann man auch ein einfaches Aquaterrarium oder Flussufer-Terrarium nehmen. Für die Haltung von Amphibien genügt manchmal ein umgebautes Aquarium, für die meisten Reptilien ein Zimmerterrarium. Unter den Reptilien gibt es auch Arten, die man in einem Terrarienraum halten muss, z. B. große Schildkröten-, Schlangen- und Echsenarten, aber auch Krokodile. Da die Haltung von Krokodilen sowie sehr großen Echsen und Riesenschlangen eher den Zoos oder Reptilienhäusern vorbehalten ist, beschränkt sich dieses Buch auf die gewöhnlich von Tierliebhabern gehaltenen Arten. Darunter befinden sich auch einige Arten, die meist als Jungtiere gekauft werden (z. B. Grüner Leguan, Steppenwaran), und über deren späteren Platzbedarf sich die Käufer bereits beim Erwerb Gedanken machen müssen.

Artgerechter Lebensraum

Bei der Einrichtung eines Terrariums muss man sich in erster Linie an den Bedingungen orientieren, die im natürlichen Lebensraum der Tiere herrschen. Auch ihre arttypischen Lebens- und Verhaltensweisen müssen berücksichtigt werden. Denn der Bewegungsradius von Amphibien und Reptilien kann auch in der Natur oft relativ gering sein, wenn kein Nahrungsmangel herrscht oder ständige Territorialkämpfe oder Umweltveränderungen sie zum Abwandern zwingen. Solche Probleme entfallen schließlich in einem richtig eingerichteten Terrarium und bei optimaler Pflege.

In seinem artgerecht eingerichteten Terrarium fühlt sich der Granulierte Pfeilgiftfrosch sichtlich wohl.

INFO

Der Standort muss stimmen
Hat man sich für eine bestimmte Amphibien- oder Reptilienart entschieden, muss zunächst erst einmal die Frage geklärt werden, wo das Aquarium, Aquaterrarium oder Zimmerterrarium später einmal stehen soll. Denn nicht jeder Standort ist dafür geeignet.

Meiden Sie diese Standorte:

- Schlecht isolierte Außenwände. Hier kann die Luft hinter dem Aquaterrarium oder Terrarium nicht zirkulieren. An solchen Stellen wird und bleibt es immer leicht feucht und es kommt dann oft zur Bildung von Schimmel.
- Räume, die wesentlich kühler oder wärmer sind, als die Minimum- bzw. Maximumtemperaturen sein sollten.
- Räume, die man schlecht belüften kann, oder in denen sogar viel geraucht wird.
- Schwenkbereiche von Fenstern und Türen, da Terrarien dort immer im Weg stehen und es somit leicht zu Glasschäden kommen kann.
- Vor einem Fenster: Scheint im Sommer die Sonne in das Becken, kann sich dieses unverhältnismäßig erwärmen und das Leben der Pfleglinge in Gefahr bringen. Außerdem zirkuliert die Luft zwischen dem Behälter und Fenster nicht mehr so wie es sein sollte – und das Fenster beschlägt sehr häufig.

Das „Terrarienklima“

Da Amphibien und Reptilien wechselwarme Lebewesen sind, ist für ihre erfolgreiche und vor allem artgerechte Haltung das richtige Terrarienklima eine der wichtigsten Voraussetzungen. Unter „Klima“ versteht man die abiotischen Faktoren: Luft, Licht, Temperatur und Feuchtigkeit. Die in Terrarien gepflegten Tiere haben einen Anspruch auf das richtige Klima. Und nicht zuletzt werden vor allem Amphibien und Reptilien erst durch das richtige Klima im entsprechenden Jahresrhythmus fortpflanzungsfähig und -bereit.

Belüftung

Um das Terrarium stets mit Frischluft zu versorgen, muss es bautechnisch entsprechend ausgerüstet sein. Dies ist der Fall, wenn das Terrarium so groß und nach oben offen (z. B. Schildkrötenterrarium) ist, sodass es an der übrigen Luftzirkulation und Frischluftzufuhr teilnimmt. Handelt es sich um einen rundum geschlossenen Behälter, wie es meistens der Fall ist, muss es Lüftungsfelder haben, durch die die verbrauchte Luft ab- und Frischluft zuströmen kann. Den physikalischen Gesetzen entsprechend strömt warme Luft nach oben. Um eine Frischluftzufuhr zu gewährleisten, muss sich also zumindest an einer Terrarienseite im unteren Bereich ein Lüftungsfeld befinden. Strömt nun die warme Luft oben aus dem Terrarium heraus, wird automatisch durch das untere Feld Frischluft angesogen. Bitte beachten: Diese darf natürlich nicht wesentlich kühler sein als die Luft im Terrarium, da es sonst bei den Tieren (und Pflanzen) zu Erkältungskrankheiten kommen kann.

Nur bei der richtigen Beleuchtung wirken die schönen Farben und Zeichnungen der Tiere optimal.

Beleuchtung

Um Terrarien zu beleuchten, genügen gewöhnlich einfache Leuchtstoffröhren, wenn die Anzahl stimmt. Nicht nur für Reptilien aus heißen Trockengebieten werden auch häufig HQL- oder HQI-Lampen eingesetzt. Um die Lichtausbeute bei Leuchtstoffröhren zu erhöhen, sollte man sich Reflektoren besorgen. ARCADIA-Reflektoren werden z. B. einfach an die vorhandene Leuchtstoffröhre angeclipst. Sie verdoppeln so die Stärke des Lichtes um 100 %, das durch die Reflektion sonst ungenutzt nach oben verstrahlen würde. Die Farbtemperatur des Lichtes wird dabei in Kelvin (K) angegeben. Licht mit einer Farbtemperatur zwischen 4500 und 6500 K bezeichnet man als „Tageslicht". Achten Sie unbedingt auf die Angaben der Hersteller.

LAMPEN MIT UV-LICHT Da bei der Synthese von Vitamin D ultraviolettes (UV) Licht notwendig ist, wird hier auf einige Lampen mit UV-Licht etwas näher eingegangen. Dabei ist zu beachten, dass für die Synthese der UV-B-Bereich ausschlaggebend ist!

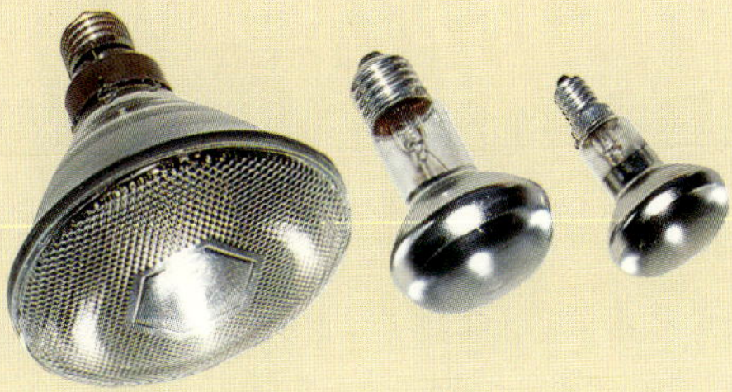

Spot-Strahler (Wärmestrahler)

Thermo- und Hygrometer

Leuchtstofflampe

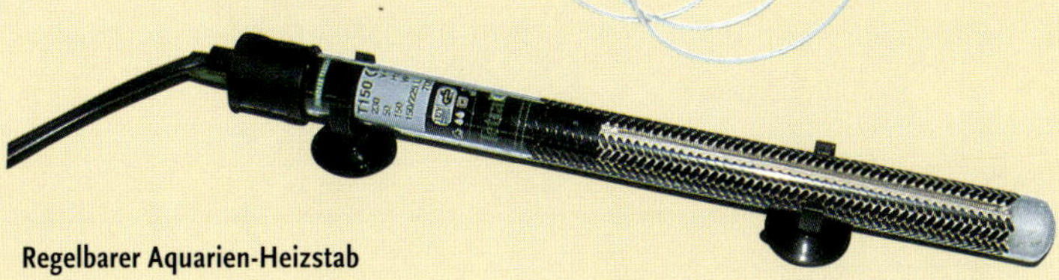

Regelbarer Aquarien-Heizstab

Leider geben die Hersteller dieser Lampen keine Hinweise darauf, für welche Amphibien und Reptilien die angebotenen Lampen besonders gut geeignet sind. Auch verschweigen sie, welcher Abstand von den Tieren zur Lampe eingehalten werden muss, damit sie nicht zu Schaden kommen, jedoch eine optimale Vitamin-D-Synthese erfolgen kann. Achtung: Hüten Sie sich vor Lampen mit UV-C-Strahlen. Sie sind äußerst gefährlich (Hautkrebsgefahr) und dürfen niemals ohne UV-Schutzglas eingesetzt werden!
Da Terrarien recht unterschiedlich groß sein können, müssten die Hersteller eine wesentlich größere Palette an Lampen zur Verfügung stellen als es der Fall ist. Denn HQL- und HQI-Lampen lassen sich aufgrund ihrer Strahlungs- und Wärmeintensivität bei kleineren Terrarien leider nur in einem unverhältnismäßig großen Abstand davon betreiben. Es gibt im Zoohandel einige Lampen mit niedrigen UV-Anteilen (zum Beispiel ARCADIA Natural Sunlight Leuchtstoffröhren mit 10 % UVA, 2 % UVB; ARCADIA 3D REPTILE-Leuchtstoffröhren mit 30% UVA, 5 % UVB, Farbtemperatur 6.500 K). Höhere UV-Anteile besitzen dagegen die HWL- und HQL Mischlichtlampen. Und besonders hohe UV-Anteile besitzen die 300 W UVA-/UVB-Strahler „Ultra Vitalux" und „Sonalux".

Als Bewohner feuchter Waldgebiete suchen auch Feuerskinke ab und zu wärmere Stellen unter einem Strahler auf.

INFO

Beispiel aus der Praxis
Meine Dornschwanzagamen *(Uromastyx maliensis)* leben in Terrarien mit einer Grundfläche von 200 x 80 cm und erhalten täglich in einem Abstand von etwa 80–100 cm für etwa eine Stunde Bestrahlungen mit einer OSRAM Ultra-Vitalux-Lampe (300 Watt). Dabei haben die Echsen stets die Möglichkeit, der Strahlung aus dem Weg zu gehen, indem sie ihre Wohnhöhlen aufsuchen. Die Notwendigkeit von Kunsthöhlen wird dadurch noch einmal deutlich.

Temperaturen

TEMPERATURGEFÄLLE ERZEUGEN Damit die Pfleglinge jederzeit die für sie günstigen Temperaturen aufsuchen können, darf die Temperatur im Terrarium keineswegs überall gleich sein. Daher müssen Sie innerhalb des Terrariums ein Temperaturgefälle von etwa 10–12 °C unbedingt gewährleisten.

Für Arten, die sich in der Natur gerne im Sonnenlicht aufheizen, müssen im Terrarium an einer, in großflächigen Terrarien besser an zwei Stellen Punktstrahler als Wärmequellen vorhanden sein.

Im Allgemeinen dienen hierzu am besten sog. Spot- oder Konzentra-Lampen (z. B. SPOTONE, PAR 38 Economy von PHILIPPS, Basking Spots o. Ä.). Bei Landtieren legt man unter den Lichtkegel am besten einen flachen Stein, der sich tagsüber aufgeheizt hat und nach dem Ausschalten des Strahlers einige Zeit weiter als Wärmequelle dienen kann. Bei Wasserschildkröten richtet man den Strahler auf den Steg- oder Uferbereich, bei Baumbewohnern auf einen Ast, bei Felsenbewohnern auf eine höher liegende Steinplatte.

ELSTEIN-WÄRMESTRAHLER Einen besonders hohen Anteil an unsichtbaren Infrarotstrahlen besitzen Elstein-Wärmestrahler. Sie installiert man über Terrarien, in denen höhere Temperaturen herrschen sollen, die Beleuchtung jedoch bereits durch genügend Lampen gewährleistet ist. Man setzt sie besonders gerne in Terrarien ein, in denen nur eine geringe Beleuchtung gewünscht wird.

UNTERSCHIEDLICHE BEDÜRFNISSE Die Temperaturansprüche der verschiedenen Tiere an den Sonnenbadeplatz sind je nach Art recht unterschiedlich. Arten aus kühleren Lebensräumen genügen im Strahlungsbereich eines Spotstrahlers oder Infrarotstrahlers oftmals bereits Maximaltemperaturen von 35 °C, andere mögen bis zu 40 °C. Und Arten aus trocken-heißen Lebensräumen sollte man durchaus bis zu 45 °C bieten. Am Verhalten und Abstand der Tiere zum Zentrum des Strahler-Lichtkegels erkennen Sie, welche Höchsttemperaturen gewünscht bzw. akzeptiert werden. Vor allem bei Wüstentieren gehen die Temperaturen in der Natur nachts oft sehr stark zurück. Im Terrarium sollten für diese Tiere die Temperaturen ebenfalls zumindest um 8 bis 10 °C sinken.

INFO

Temperatur messen
Zur Messung der Temperaturen können entweder analoge oder digitale Thermometer angebracht werden. Sie haben meistens einen Messbereich von 18–34 °C. Wer es ganz genau wissen will, verwendet Präzisionsthermometer mit Außenfühler, die einen Messbereich von -100 °C bis +500 °C abdecken, bei einer Genauigkeit von ±0,3 °C.

Die meisten Amphibien benötigen in ihrer Umgebung fast ständig eine hohe Luftfeuchtigkeit.

BODENWÄRME Für Arten, die einen wärmeren Bodenbereich benötigen, legt man unter das Terrarium an der betreffenden Stelle eine Heizfolie oder -matte. Soll der Bodenbereich unterschiedliche Temperaturen aufweisen, kommt darunter ein Heizkabel. Durch engere oder weiter Schlingen des Heizkabels kann die Bodentemperatur beeinflusst werden.
KÜHLERE LEBENSRÄUME Möchte man Tiere kühlerer Lebensräume halten, muss das Terrarium an einer entsprechend kühlen Stelle aufgestellt werden. Oftmals eignet sich zur Pflege solcher Tiere nur ein Terrarium, das in einem kühlen Kellerraum steht. Zu jenen Tieren gehören vor allem Amphibienarten, aber auch Reptilien aus Hochgebirgslagen (zum Beispiel einige Eidechsen.)

Luftfeuchtigkeit
Wüstentiere sind tagsüber einer eher trockenen, heißen Luft ausgesetzt, der sie in kühleren Höhlen oder in tieferen Sandschichten zu entgehen versuchen. Bewohner tropischer und subtropischer Regenwälder dagegen, vor allem von Bergregenwäldern, müssen mit einer sehr hohen Luftfeuchtigkeit klarkommen. Mit einem Hygrometer kann man in einem Terrarium stets die herrschende relative Luftfeuchtigkeit messen. Die Höhe der Luftfeuchtigkeit richtet sich zum einen nach der Art des Terrariums und dessen Gestaltung, zum anderen ist sie von der Luftzirkulation abhängig. In gut belüfteten Terrarien kann die Luftfeuchtigkeit schneller wieder

sinken als in schlecht durchlüfteten. Bei schlechter Belüftung erhöht sich das Risiko der Schimmelbildung und Vermehrung von Mikroorganismen, auch jenen, die die Gesundheit der Pfleglinge sehr beeinträchtigen könnten. Deshalb ist auch im Rahmen von Pflegemaßnahmen stets auf die Hygiene in einem Terrarium zu achten.

ZUR ERHÖHUNG DER LUFTFEUCHTIGKEIT wird die Einrichtung einfach morgens oder gegen Abend mit Wasser übersprüht oder bei Arten, die in Regionen mit sehr hoher Luftfeuchtigkeit leben, sogar überbraust. Die Befeuchtung sollte möglichst vor Beginn der Aktivitätsphase erfolgen, da die Tiere dann durch das Auflecken von Wassertropfen auch ihren Flüssigkeitsbedarf decken können. Der Einsatz von Nebelanlagen hat sich vor allem in größeren Regenwaldanlagen immer mehr durchgesetzt. (👁 S.55.)

Einrichtungsmaterialien

Bodengrund

SAND UND KIES Trotz unterschiedlicher Lebensräume kann der Bodengrund für Amphibien und Reptilien meist grundsätzlich aus rundkörnigem Sand oder sehr feinem Kies bestehen, der in den unteren Schichten immer leicht feucht sein sollte. Viele Amphibien, aber auch Wüsten- und Halbwüstenbewohner unter den Reptilien sind es gewohnt, sich bei hohen Temperaturen einfach in die tieferen, leicht feuchten Schichten des Bodengrundes zu vergraben. Scharfkantiger Sand kann bei kleineren Exemplaren zu Verletzungen führen, zu feiner Sand zu Verstopfungen der Nasen- bzw. Ohröffnungen. Außerdem sollte der Sand möglichst staubfrei sein, da es sonst zu ernsthaften Atemwegserkrankungen kommen kann.

ERDE Wald- oder Gartenerde im Terrarium ist problematisch, denn es kann sich auf diesem Substrat sehr leicht Schimmel bilden. Außerdem schleppt man mit der Erde manchmal ungewollte Mikroorganismen mit in das Terrarium. Zudem wird nasse Erde nach dem Trocknen oft knochenhart und sehr staubig. Das gleiche gilt für Lehm. Daher kann man zur Auflockerung des Bodengrundes auch ein Gemisch aus Sand und Torf herstellen. Je mehr Torf man dabei nimmt, um so lockerer wird das Substrat.

HÄCKSEL UND RINDENMULCH Für Terrarien mit größeren Echsen, Schildkröten oder Schlangen haben sich auch Buchenholzhäcksel und Rindenmulch als Bodengrund bewährt. Außerdem werden Häcksel aus Tanne und Fichte angeboten. Bei den letzteren Materialien bleiben die unteren Schichten meist auch längere Zeit nach dem Sprühen immer leicht feucht, sodass es nicht staubt und das Terrarienklima gut gehalten wird. Außerdem können sich darin auch Asseln, Mehlkäfer und andere Lebewesen verbergen und vermehren, die nachts übersehene Futterreste und Ausscheidungen verringern helfen. Leider ist das Material für jene Tiere nicht geeignet, die z. B. bei der Aufnahme von Pflanzenfutter auch kleine Holzspäne mit aufnehmen könnten. Denn Verstopfungen mit Holzspänen enden meist immer tödlich.

Eiablageplatz

GRABFÄHIGES SUBSTRAT Da die meisten Reptilien Eier legen und dazu vorher eine Nisthöhle oder -grube anlegen, benötigen sie hierfür einen geeigneten Platz. Im Prinzip stellen alle Reptilien an diesen Ort die gleichen Anforderungen. Das Substrat, in das sie ihre Eihöhlen oder -gruben anlegen, muss grabfähig sein und stabil. Das heißt, dass das Substrat beim Graben nicht immer wieder von den Rändern nachgeben und in die bereits gegrabene Vertiefung fallen darf. Denn sonst gibt das Weibchen seine Bemühungen bald auf und sucht eine besser geeignete Stelle. Gleichzeitig muss der künftige Eiablageplatz auch leicht feucht sein und im günstigsten Fall Temperaturen um 26–32 °C aufweisen. Berücksichtigt man diese Bedingungen, kann der Pfleger innerhalb des Terrariums den Eiablageplatz vorbestimmen. Er muss nur an einer Stelle die erforderlichen Faktoren schaffen und das legebereite Weibchen wird den Platz garantiert annehmen. Natürlich sollte sich jener Eiablageplatz an einer ruhigeren Stelle des Terrariums befinden und nicht direkt dort, wo sich die

Der Bodengrund sollte staubfrei und grabfähig sein.

Hauptaktivitäten der übrigen Bewohner abspielen. Besonders gerne wird übrigens die Stelle unter einem Trinknapf zum Graben verwendet, da die Erde darunter häufig leicht feucht ist. Außerdem bietet der Boden des Trinknapfes ein stabiles Dach. Deshalb graben Echsen auch gerne unter eine flache Steinplatte ihre Eiablagehöhlen.

EIABLAGEBOXEN Für die Zucht von Echsen haben sich auch Eiablageboxen gut bewährt, die mindestens Körperlänge haben müssen. Dabei handelt es sich je nach Größe der gepflegten Eidechsenarten um eine in den Bodengrund eingelassene Kunsthöhle (Modell „Zigarrenkiste mit Eingang"), die zur Hälfte mit leicht feuchtem Substrat gefüllt ist. Dabei kann es sich um Sand oder um ein grabfähiges Sand-Torf-Gemisch handeln. Bei größeren Echsenarten (z. B. Grüner Leguan, Warane etc.) und Schlangenarten erweisen sich geräumige Kisten mit Eingang ebenfalls als gut geeignete Eiablageboxen.

Aus einem Versteck heraus beobachtet der Zipfelkrötenfrosch seine Umgebung.

Versteckplätze

Als Versteckmöglichkeit muss man vielen nicht grabenden Amphibien und Reptilien unbedingt Kunsthöhlen anbieten. Sie können bei kleineren Arten aus halbrunden Rindenstückchen, halbierten Kokosnussschalen, hohl liegenden Steinen oder Steinplatten und hohlen Baumstümpfen bestehen. Eine beliebte Methode, um Kunsthöhlen zu schaffen: Auf den Terrarienboden legt man auf die breite oder flache Seite entsprechend große Ziegelsteine so weit auseinander, dass dabei eine Lücke entsteht. Darauf legt man anschließend eine passend große Steinplatte. Füllt man nun den Bodengrund in das Terrarium, wird die Kunsthöhle zum Teil ebenfalls damit angefüllt. Ein Stück Korkrinde versperrt bis auf einen Eingang die spätere Versteckmöglichkeit. Bald haben die Kröten, Echsen, Schlangen oder Schildkröten die Stelle entdeckt und nehmen sie als Versteck an, wobei sie den Hohlraum oft weiter freigraben. Größere Arten benötigen dementsprechend kompakte, stabile und geräumige Kunsthöhlen. Steinaufbauten sind meist zu schwer und unbedingt gegen ein Zusammenstürzen zu schützen. Nicht selten nehmen Echsen und Schlangen auch eine geräumige Eiablagebox als Versteckmöglichkeit an.

Klettermöglichkeiten

Im Zoofachhandel werden zahlreiche nützliche, aber auch unnütze Utensilien angeboten, um ein Terrarium mit Klettergelegenheiten auszustatten. Um Rück- oder Seitenwände bekletterbar zu machen, sind all jene Materialien nützlich, die unbedenklich und zugleich attraktiv sind.

PRESSKORK-PLATTEN Ein häufig angewandtes Verfahren ist das Bekleben mit Presskork-Platten, die es in verschiedenen Stärken (20, 30 und 50 mm) gibt. Leider werden diese oft

Ein erhöhter, erkletterbarer Beobachtungsplatz gibt Echsen Sicherheit.

INFO

Achtung
Ohne Versteckmöglichkeiten hält man bestimmte Tiere nicht artgerecht und verstößt somit gegen das Tierschutzgesetz!

von Futterinsekten (Grillen, Heimchen) mit der Zeit zerbröselt, sodass lediglich die stärkere Variante zu empfehlen ist, sofern man diese Insekten verfüttert. Für Terrarien, in denen diese Insekten nicht verfüttert werden, können auch geringere Stärken verwendet werden. Man kann auch Korkeichen-Stückchen mit Silikonkautschuk direkt an die Wände kleben, um den Tieren, aber auch Pflanzen eine Kletterhilfe zu bieten.

XAXIM-PLATTEN Für Regenwaldterrarien finde ich persönlich Xaxim-Platten (gesprochen: Schaschim) als Rückwand- und/oder Seitenwand-Verkleidung und Kletterhilfe am attraktivsten. Dabei handelt es sich um Fasern, Flechten, Farne und Sämereien. In einem Terrarium mit hoher Luftfeuchtigkeit oder einem „Wasserfall" können sie durchaus zu keimen anfangen. In erster Linie bieten sie jedoch den Tieren die Möglichkeit, ohne Verletzungsgefahr daran zu klettern. Pflanzen sind daran leicht zu kultivieren und die Haftvorrichtungen der Kletterpflanzen finden dort problemlos Halt. Diese Platten sind meist 2,5 cm stark, 30 x 20 cm groß und lassen sich gut miteinander verbinden.

Zur artgerechten Haltung vieler Tiere ist ein großzügiger Wasserteil erforderlich.

STYROPOR-RÜCKWÄNDE Für Felsenbewohner haben sich auch mit Styropor beklebte Rückwände bewährt. Dabei modelliert man die Styroporplatten so, dass unterschiedliche Terrassen entstehen. Anschließend bestreicht man die Rückwand mit Epoxitharz und streut Sand darüber. Man kann die Styroporwand auch mit einer Schicht Gips überziehen, darüber Weißleim streichen und Sand streuen. Kleinere Terrarien kann man bei der Modellierung der Rückwand so hinlegen, dass man diese bequem bearbeiten kann.

STÄMME Für Baumbewohner haben sich kräftige, bewurzelte Stämme sehr gut bewährt, die man umgekehrt im Terrarium befestigt. Dabei müssen im oberen Bereich unbedingt einige waagerechte Abzweigungen (Wurzeln) vorhanden sein, auf die man hohl liegende Rindenstücke und Moospolster legen oder befestigen kann.

Das Wasser

Für Aquaterrarien und Flussufer-Terrarien, in denen Frösche, Schwanzlurche, Schildkröten, Schlangen oder Echsen leben, ist unser Trinkwasser geeignet. Viele der genannten Tiere leben in ihrer natürlichen Heimat oft sogar in Gewässern, in denen das Wasser mehr oder weniger Abwasserqualität hat. Um jedoch unseren Ansprüchen zu genügen, kann das Wasser größerer Aquaterrarien und Flussufer-Terrarien stets durch eine Filteranlage (z. B. EHEIM etc.) gereinigt werden oder sollte bei kleineren häufiger gewechselt werden. Als Filteranlagen genügen die im Zoohandel erhältlichen Aquarienfilter. Dort erfährt man auch, wie sie installiert werden und welche Wassermengen die jeweiligen Filter stündlich durchlaufen. Bei der Auswahl der Filteranlage muss man auch darauf achten, dass man keine zu starke Filteranlage wählt. Denn bei einer überdimensionierten Filteranlage mit

zu kräftigem Wasserstrom durch den Ausströmer kann das Wasser im Terrarium zu stark in Bewegung geraten und die Pfleglinge herumwirbeln lassen. Dies kann ein wenig gemindert werden, indem man den Ausströmer bereits über dem Wasserteil auf einen Stein o. Ä. richtet. Außerdem ist der Einsaugstutzen mit einer siebartigen Schutzkappe zu versehen, sodass die Lurche, Schildkröten oder sonstigen Bewohner nicht dadurch angesaugt werden und ertrinken können.

Wasserfall und Nebelanlagen

Nicht nur aus rein optischen Gründen bietet es sich vor allem in Froschlurch-Terrarien, aber auch bei Echsen und Schlangen der tropischen Regenwälder an, in das Terrarium einen Wasserfall und/oder eine Nebelanlage einzubauen.

WASSERFALLANLAGEN Für kleinere Terrarien kann man im Zoohandel kleine Eck-Wasserfälle aus Kunststoff erwerben, die meist ziemlich plump entweder grauen Granit oder braunen Sandstein imitieren sollen. Wenn man diese Wasserfälle mit Javamoos belegt oder bepflanzt, wächst diese Pflanze bald an und bietet einen optisch günstigeren Eindruck. Ansonsten kann man auch bei größeren Flussufer- und Regenwaldterrarien einen Außenfilter (EHEIM ect.) so installieren, dass der Wasseransaugstutzen im Wasserteil beginnt und der Auslauf oberhalb eines künstlich modellierten Wasserfalles oder Baches wieder zurück läuft.

VERNEBLER Für Regenwaldterrarien eignet sich auch der Einsatz von Ultraschall-Verneblern (z. B. M&S Repti-Fog). Diese Mini-Luftbefeuchter werden im Terrarium direkt in

Selbst Echsen aus Trockengebieten wie der Afrikanische Krallengecko trinken aus einer Wasserschale.

INFO

Terrarienhygiene
Mit der Anschaffung von Tieren übernimmt der Pfleger auch eine große Verantwortung. Er ist nicht nur moralisch, sondern auch gesetzlich verpflichtet, alles zu tun, damit es den Tieren wohl ergeht. Er muss die Tiere nicht nur artgerecht unterbringen und pflegen, sondern auch das Terrarium regelmäßig von Verschmutzungen, Ausscheidungen und Futterreste, befreien! (S. 102).

die Wasserschale oder in den Wasserteil gestellt und haben einen Wasserverbrauch von etwa 0,25 l/Std. Installiert man den Vernebler an eine Intervallsteuerung, kann diese als Timer verwendet werden. Dadurch schaltet sich der Vernebler nach den Wünschen des Pflegers in Zeiträumen von 1–8 Stunden automatisch ein und aus.

Die Wasserstelle

WASSERSCHALE Sie muss immer vorhanden sein, damit die Tiere ihren Flüssigkeitsbedarf decken können. Bei der Pflege von landlebenden Amphibien ist sie ebenso erforderlich wie bei Wüstentieren. Dabei ist jedoch darauf zu achten, dass manche Wüstentiere Wasser nicht kennen. Es kann passieren, dass sie sich in die Wasserschale legen. Damit sie nicht ertrinken, muss bei diesen Tieren die Wasserschale recht klein, bei anderen Tieren dagegen sogar besonders geräumig sein.
WASSERTEIL Bei der Pflege von vielen Amphibien, aber auch im und am Wasser lebenden Echsen, Schlangen und Schildkröten ist sogar ein großzügiger Wasserteil erforderlich. Am großzügigsten ist er in einem Aquaterrarium und Flussufer-Terrarium.

Pflanzen produzieren Sauerstoff, bieten Versteckplätze und bereichern optisch die entsprechenden Terrarien.

Grünes Leben im Terrarium

Da viele Echsen und vor allem Landschildkröten Pflanzenfresser sind, kann die Bepflanzung eines Terrariums zum Problem werden. Denn die betreffenden Pfleglinge werden die im Terrarium erreichbaren Pflanzen erst einmal auf ihren „Gaumennutzen" prüfen. Wenn Sie das Terrarium von Pflanzen fressenden Tieren trotzdem mit Grünpflanzen ausstatten, dann können diese Pflanzen nur als Dekoration betrachtet und müssen auch als solche geschützt werden, indem sie z. B. für die Tiere unerreichbar angebracht werden.

Geeignete Pflanzen auswählen

Bei der Auswahl passender Pflanzen spielt nicht nur das ästhetische Empfinden des Schildkröten-Halters eine Rolle, sondern auch die Bedürfnisse der Pflanzen. Terrarien, in denen Tiere aus trockenheißen Regionen gehalten werden, dekoriert man nicht mit Pflanzen aus dem Regenwald – und umgekehrt. Gleichzeitig wird man den von kräftigen, schweren Echsen oder Landschildkröten erreichbaren Boden nicht mit empfindlichen Bodendeckern bepflanzen. Selbstverständlich gehören lichthungrige Pflanzen nicht in einen schattigen Bereich und Schatten liebende Pflanzen nicht unter eine Lichtquelle. Natürlich dürfen die Pflanzen die Tiere nicht gefährden: Pflanzen, deren Stacheln oder Dornen die Tiere verletzen könnten wie Agaven, Kakteen, Euphorbien etc., darf man nicht im Terrarium kultivieren. Ebenso wenig sind Pflanzen angebracht, deren Genuss zu Vergiftungen führen kann (z. B. Euphorien).

Pflanzen und ihre Ansprüche

Die im Terrarium kultivierten Pflanzen sind ebenso wie die Tiere auf Ihre Pflege angewiesen. Um die Pflanzen nicht ständig gegen neue austauschen zu müssen, sollten Sie sich auch mit deren Pflege etwas beschäftigen. In jeder größeren Gärtnerei kann man nicht nur eine große Auswahl an Pflanzen bewundern, sondern erhält mit viel Glück auch die entsprechenden Pflegetipps. Aber selbst als Laie kann man erkennen, dass Pflanzen der heißen Trockengebiete gut an ihre Lebensräume angepasst sind. Zumeist besitzen sie entweder dicke, fleischige Blätter und Stängel (Sukkulenten) oder harte, Wasser undurchlässige Stängel und Blätter (z. B. Drachenbaum, Yucca, Weihnachtskaktus u. a.).

TIPP

Ampelpflanzen
Besonders problemlos geeignet sind in Landschildkröten-Terrarien Ampelpflanzen, die im Rückwandbereich von oben in das Terrarium wachsen und über dem Maul der Schildkröten enden. Bei Echsen besteht allerdings die Gefahr, dass sie zu tief hängende Ampelpflanzen als Klettermöglichkeit entdecken und daran in den oberen Terrarienbereich gelangen.

LICHT Haben Sie bereits Pflanzen im Terrarium und stellen fest, dass diese nicht richtig wachsen, kann dies durchaus mit den Lichtverhältnissen zusammenhängen. Pflanzen, deren Lichtansprüche nicht erfüllt werden, zeigen ein übertriebenes Längenwachstum und werden dabei oft immer heller und schwächlicher. Müssen Pflanzen dagegen ein Zuviel an Licht ertragen, haben sie häufig unnatürlich verfärbte Blätter. Der Grund für die Verfärbung liegt entweder in der falschen Beleuchtung oder am falschen Standort.
TEMPERATUR Für Terrarien mit Tieren aus subtropischen und tropischen Bereichen kommen nur solche Pflanzen in Frage, die aus den gleichen oder ähnlichen Regionen stammen. Dennoch muss man sich darüber Gedanken machen, ob sie bei den im Terrarium herrschenden Temperaturen auch gedeihen können. Denn manche der Pflanzen leben in den betreffenden Gebieten vielleicht an Stellen, die andere Temperaturen aufweisen als allgemein angenommen wird. So sind Pflanzen der subtropischen und tropischen

Diese attraktive Pflanze dient diesem Ritteranolis als erhöhter Beobachtungsplatz.

Bergregionen gewöhnlich geringeren Temperaturen ausgesetzt als jene aus den Tiefebenen. Informieren Sie sich daher genau über die eigentlichen Temperaturansprüche der von Ihnen in Betracht gezogenen Pflanzen.

LUFTFEUCHTIGKEIT In den trockenheißen Regionen besitzt die Luft oft nur einen äußerst geringen Feuchtigkeitsgehalt. Daher schützen sich Pflanzen dieser Regionen durch bestimmte Anpassungserscheinungen wie eine derbe Haut oder Rinde, niedriger flacher Wuchs etc. gegen ein mögliches Austrocknen. Pflanzen der subtropischen und tropischen Regen- und Nebelwälder sind dagegen ständig einer hohen Luftfeuchtigkeit ausgesetzt. Sie können sich oft hauchdünne und feinfiedrige Blättern leisten, denn die feuchtigkeitsgesättigte Luft kann ihnen keine Feuchtigkeit mehr entziehen. In diesem Treibhausmilieu können diese Pflanzen fast explosionsartig wachsen und müssen daher öfters von Ihnen ausgelichtet werden.

WASSERVERSORGUNG

Während Pflanzen des immergrünen Regen- oder Nebelwaldes meist ständig „feuchte Füße" haben, gilt dies für Pflanzen aus den trockenheißen Gebiete nicht. Ihnen wird lediglich durch den Morgentau oder seltene und geringe Niederschläge Wasser zugeführt. Dementsprechend müssen Sie darauf achten, sie deutlich weniger zu gießen als Pflanzen aus dem subtropischen und tropischen Regen- oder Nebelwald. Leider ist das Wasser aus den Wasserleitungen nicht überall gleich gut. Sie sollten beim Begießen und Besprühen der Pflanzen stets weiches, kalkarmes Wasser verwenden. Denn wenn Sie kalkhaltiges Wasser zum Gießen nehmen, bleiben nach einiger Zeit auf den Pflanzen hässliche Kalkflecken zurück. Meist kann man

Die Aga-Kröte (Bufo marinus) **versucht, sich tagsüber zwischen Pflanzen zu verbergen.**

bereits an den Wasserhähnen erkennen, ob aus ihnen kalkhaltiges Wasser sprudelt, denn dann weisen sie häufig Kalkrückstände auf. In diesem Fall sollten Sie Ihr hartes Wasser mit weicherem mischen. Am einfachsten ist dies, wenn Sie Regenwasser sammeln. Beachten Sie dabei bitte, dass man Regenwasser nur während länger anhaltender Niederschläge auffangen sollte, und zwar wenn es bereits etwa eine Stunde geregnet hat. Denn erst dann ist die Luft von schädlichen Schadstoffen einigermaßen reingewaschen.

DÜNGEN Da Pflanzen in bestimmten Abständen mit neuen Nährstoffen versorgt werden müssen, die sie über die Wurzeln aufnehmen, muss man sie entsprechend düngen. Dabei kommen natürlich nur solche Dünger in Frage, die für die Tiere unschädlich sind. Sie sollten durch das Düngen weder geruchlich belästigt werden, noch ausgelaufenes Wasser trinken können, in dem sich womöglich Kunstdünger befindet. Vorsichtshalber entnimmt man die zu düngenden Pflanzen für einige Zeit aus dem Terrarium heraus und ersetzt sie so lange durch andere.

Manche Pflanzen benötigen innerhalb des Jahres eine Ruheperiode, die in ihrer Heimat durch Klimaveränderungen eingeleitet wird. Kultivieren Sie daher alle Pflanzen in Terrarien unbedingt in Töpfen, mit denen sie ohne lästige Grabereien jederzeit aus dem Terrarium entfernt werden können. Mit Beginn der neuen Saison können diese Pflanzen dann auch außerhalb des Terrariums, gedüngt und umgetopft, später wieder problemlos in das Terrarium zurückgesetzt werden.

Pflanzenbeschreibungen

Die Palette an Pflanzen, die im Zoofachhandel oder größeren Gartencentern für Terrarien angeboten werden, ist sehr groß. Die folgenden Pflanzenporträts soll Ihnen die Auswahl Ihrer Pflanzen erleichtern. Hier werden Pflanzen verschiedener Typen vorgestellt, die für die unterschiedlichen Terrarientypen geeignet sind.

WASSERPFLANZEN gehören in den Wasserteil von Aqua- und Flussufer-Terrarien.

SUMPFPFLANZEN eignen sich bestens für Aquaterrarien.

LANDPFLANZEN verwenden Sie als zentrale Pflanzen in Terrarien mit Landteilen. Sie dienen als attraktiver Blickfang, Kletter- und Versteckmöglichkeit.

AMPEL- und **KLETTERPFLANZEN** bilden Ausläufer mit Haftvorrichtung aus, können an rauen Stellen in die Höhe klettern bzw. einfach herabhängen. Epiphyten werden auch Aufsitzerpflanzen genannt. Ihnen dienen Stämme und Äste als Unterlage, manchmal benutzten sie auch Felsen. Sie nützen die besseren Lichtverhältnisse auf solchen exponierten Stellen.

Flutendes Pfeilkraut
Sagittaria subulata

TYP Wasserpflanze.
HEIMAT Östliches Nordamerika.
HÖHE 5–15 cm.
STANDORT Halbschatten.
TEMPERATUR 16–25 °C.
WASSER Anspruchslos.
BEMERKUNGEN Bildet durch Ausläufer rasenartige Flächen, leicht vermehrbar.

Langblättrige Wasserähre
Aponogeton elongatus

TYP Wasserpflanze.
HEIMAT Australien.
HÖHE 15–20 cm
STANDORT Hell.
TEMPERATUR 22–26 °C.
WASSER Mittelhart.
BEMERKUNGEN Pflegeleicht. Attraktiv gewellte Blattränder.

Zwergspeerblatt
Anubias nana

TYP Wasserpflanze.
HEIMAT Tropisches Afrika.
HÖHE Bis 15 cm.
STANDORT Halbschatten.
TEMPERATUR Um 24 °C.
WASSER Anspruchslos.
BEMERKUNGEN Bildet Rhizome, ist sehr robust und haftet gut auf Steinen und Wurzeln.

Javamoos
Vesicularis dubyana

TYP Sumpfpflanze.
HEIMAT Indoaustralischer Archipel.
HÖHE Variabel.
STANDORT Halbschatten bis sonnig.
TEMPERATUR 20–24 °C.
WASSER Anspruchslos.
BEMERKUNGEN Bildet im Wasser dichte Polster, kann aber auch auf Steinen (Inseln, Pfeilgiftfroschterrarien) kultiviert werden. Muss dann regelmäßig überbraust werden.

Wendts Wasserkelch
Cryptocoryne wendtii

TYP Sumpfpflanze.
HEIMAT Sri Lanka.
HÖHE Bis 20 cm.
STANDORT Halbschatten bis sonnig.
TEMPERATUR 20-25 °C.
WASSER Anspruchslos.
BEMERKUNGEN Diese Sumpfpflanzen werden fälschlicherweise in Aquarien oft völlig untergetaucht gehalten.

Zierliches Zypergras
Cyperus gracilis

TYP Sumpfpflanze.
HEIMAT Australien, Neukaledonien.
HÖHE 20–25 cm.
STANDORT Sonnig.
TEMPERATUR 20–25 °C.
WASSER Unbedeutend.
BEMERKUNGEN Wird in Töpfen auf dem Landteil eingegraben und bildet am Uferrand dichte Bestände.

Zwergschwertpflanze
Echinodorus quadricostatus

TYP Wasserpflanze.
HEIMAT Nordwestliches Südamerika.
HÖHE 8–13 cm.
STANDORT Sonnig.
TEMPERATUR 20–25 °C.
WASSER Eher etwas weicheres Wasser.
BEMERKUNGEN Bildet bei Langtagsbeleuchtung schmalere Blätter als bei Kurztagsbeleuchtung.

Anthurie, Flamingoblume
Anthurium spec.

TYP Landpflanze.
HEIMAT Südamerika.
HÖHE 20–50 cm.
STANDORT Halbschatten.
TEMPERATUR 20–25 °C.
BEMERKUNGEN Bildet dichte Bündel mit weißer oder roter Aronstabblüte. Sehr unempfindlich. Beliebte Pflanze bei Schaumnestbauern, wenn die Blätter z. T. über den Wasserteil ragen.

Buntwurz
Caladium spec.

TYP Landpflanze.
HEIMAT Südamerika.
HÖHE 25–40 cm.
STANDORT Halbschatten.
TEMPERATUR Ca. 21 °C.
BEMERKUNGEN Besonders gut für Regenwaldterrarien geeignet, da sie eine hohe Luftfeuchtigkeit benötigt. Es gibt viele Farbvariationen.

Columnea
Columnea spec.

Typ Landpflanze.
Heimat Südamerika.
Höhe Bis 120 cm.
Licht Hell bis halbschattig, keine direkte Sonne.
Temperaturen 20–26 °C.
Bemerkungen Je nach Art blühen diese Ampelpflanzen zu allen Jahreszeiten. Verträgt auf den Blättern kein Wasser.

Dieffenbachie
Dieffenbachia spec.

Typ Landpflanze.
Heimat Brasilien.
Höhe Bis zu 1 m.
Standort Hell, aber nicht sonnig.
Temperatur 20–28 °C.
Bemerkungen Nur als Jungpflanze verwendbar. Schneidet man Triebe ab, treibt sie bald an einer anderen Stelle wieder aus. Es gibt verschiedene Farbschläge, die sehr dekorativ wirken.

Neoregelie
Neoregelia spec.

Typ Landpflanze.
Heimat Südamerika.
Höhe Ca. 30 cm.
Standort indirektes Licht, direkte Sonne.
Temperatur 18–26 °C.
Bemerkungen Hat sich sehr gut bei der Haltung und Zucht von Pfeilgiftfröschen bewährt, die ihre Larven in Bromelientrichter oder Blattachseln absetzen. Es gibt verschiedene Arten, die als Epiphyten oder Erdbromelien zu kultivieren sind.

Nestrosette, Nidularie
Nidularium spec.

TYP Landpflanze.
HEIMAT Mittel- und Südamerika.
HÖHE 30–40 cm.
STANDORT Schatten.
TEMPERATUR 24 °C.
BEMERKUNGEN Ähnlich wie *Neoregelia*, mit den gleichen Vorteilen und ebenfalls vielen Arten und Variationen. Besonders farbenprächtig ist *N. innocenti*, einfach grün mit leuchtend zitronengelben Hochblättern ist *N. billbergioides „Flavum"*.

Pellefarn
Pellaea rotundifolia

TYP Landpflanze.
HEIMAT Südamerika.
HÖHE 25–30 cm.
STANDORT Indirektes Licht.
TEMPERATUR 21–24 °C.
BEMERKUNGEN Vor allem bei kleinen Regenwaldterrarien können einige größere Pflanzen diese zierlichen Farns schön neben Moospolstern wirken. Er muss in lockere Erde eingetopft und außen mit einer Drainageschicht (Torfmoos, *Sphagnum*) versehen werden. Täglich besprühen!

Sansevierie, Bogenhanf
Sansevieria spec.

TYP Landpflanze.
HEIMAT Afrika und Asien.
HÖHE Je nach Art 15–120 cm.
STANDORT Indirektes Licht.
TEMPERATUR 20–29 °C.
BEMERKUNGEN Für Kröten aus trockenen Habitaten oft einzige Pflanzmöglichkeit. Vor allem die niedriger wachsenden Arten, wie *S. trivasciata*, *S. spec. „Hahnii"*.

Baumfreund, Kletterphilo
Philodendron spec.

TYP Ampelpflanze, Kletterpflanze.
HEIMAT Mittelamerika.
HÖHE Bis 2 m.
STANDORT Halbschattig bis schattig, aber hell.
TEMPERATUR 21–24 °C.
BEMERKUNGEN Diese Kletterpflanze kann aus einem höher angebrachten Pflanzenkasten herabwachsen.

Dreimasterblume, Tradeskantie
Tradescantia spec.

TYP Ampelpflanze, Kletterpflanze.
HEIMAT Mittel- und Südamerika.
HÖHE 30 cm.
STANDORT Indirektes Licht.
TEMPERATUR 22–27 °C.
BEMERKUNGEN Tradeskantien werden häufig als Ampelpflanzen eingesetzt, da sie unschöne Rückwände verbergen bzw. im oberen Teil eines Terrariums Baumfröschen als Sitzwarte dienen können. Besonders empfehlenswert: *T. fluminensis* und *T. zebrina*.

Efeutute
Scindapsus auratus

TYP Ampelpflanze, Kletterpflanze.
HEIMAT Mittelamerika.
HÖHE Bis 2 m.
TEMPERATUR 20–27 °C.
STANDORT Hell bis halbschattig.
BEMERKUNG Kann wie *Philodendron* kletternd oder herabhängend kultiviert werden und ist vor allem an Rückwänden großer Regenwaldterrarien sehr dekorativ. Auch *S. pictus* ist gut geeignet, wird jedoch wesentlich seltener kultiviert.

Kletter-Ficus
Ficus pumila

TYP Ampelpflanze, Kletterpflanze.
HEIMAT Mittel- und Südamerika.
HÖHE 40–60 cm.
STANDORT Indirektes Licht.
TEMPERATUR 20–25 °C.
BEMERKUNGEN Wächst auch an Rückwänden empor und eignet sich gut als Bodendecker. Sehr attraktiv ist die Variabilität „Sunny White“ mit grün-weißen Blättern.

Aloe
Aloe spec.

TYP Sukkulent.
HEIMAT Afrika, Madagaskar.
HÖHE Je nach Art bis 1 m.
LICHT Sonnig.
TEMPERATUREN 20–30 °C.
BEMERKUNGEN Die dekorativen Sukkulenten sind zur Dekoration eines Trockenterrariums geeignet, sollten jedoch nicht für Schildkröten oder Echsen erreichbar sein.

Drachenbaum
Dracaena spec.

TYP Sukkulent.
HEIMAT Afrika.
HÖHE Bis zu 20 m.
LICHT Halbschattig.
TEMPERATUREN 25–35 °C.
BEMERKUNGEN Kann durch Rückschnitt auf beliebige Größen gebracht werden. Hält man Drachenbäume im Wüstenterrarium, muss die Pflanze ab und zu besprüht werden.

THEMA

TERRARIEN EINRICHTEN SCHRITT FÜR SCHRITT

INFO

Grundsätzliches zur Einrichtung
Für alle Terrarientypen gilt:
- Wählen Sie immer eine stabile Unterlage für das Terrarium aus. Legen sie zwischen die Unterlage und dem Glasboden eine dünne, maßgenaue Styroporplatte.
- Richten Sie das Terrarium so ein, dass die Tiere nicht entweichen können.
- Pflanzen vor dem Einsetzen abwaschen, um mögliche Rückstände von Pflanzenschutzmitteln zu entfernen.
- Der Zugang zum Terrarium muss durch Schiebescheiben einfach sein, damit Sie es leicht reinigen können.
- Für genügend Frischluftzufuhr muss gesorgt sein.

Gut schwimmende Wasserschildkröten hält man am besten in einem Flussufer-Terrarium.

Tiere, die ganzjährig unter tropischen oder subtropischen Bedingungen leben, können in der Regel in Zimmerterrarien gehalten werden. Dem Pfleger kommt dabei die Aufgabe zu, ihre Ansprüche an Klima und Lebensraum im Terrarium nachzubilden. Für Amphibien und Reptilien der gemäßigten Breiten ist es während der Sommermonate günstig, ihnen den Aufenthalt im Freien zu ermöglichen. Unter den natürlichen Klimaeinflüssen verbessert sich ihre Kondition und viele Verhaltensweisen sind im Freiland auch besser zu beobachten.

Terrarien für drinnen

Einfaches Aquaterrarium

Bei amphibisch lebenden Arten, die nicht klettern (z. B. Schwanzlurche, etliche Froschlurche, einige Sumpfschildkröten), sind Aquaterrarien mit einer großen Grundfläche sinnvoll. Als Beleuchtung und Wärmestrahler nimmt man bei solchen Arten eine Pendellampe, die z. B. über einer Insel (Steine, Wurzel etc.) oder dem Landteil hängt. Der Bodengrund sollte nach hinten ansteigen und ein Ufer bilden. Bei Eier legenden Reptilien (z. B. einige Sumpfschildkröten) muss sich hier auch ein geeigneter Eiablageplatz befinden. Für Amphibien und kleine Echsen sind auch Versteckmöglichkeiten nötig.

EINRICHTEN SCHRITT FÜR SCHRITT

1 Füllen Sie den mehrfach gewaschenen Sand, Kies oder Blähton auf den Boden des Terrariums, bis die gewünschte Höhe erreicht ist.
2 Legen Sie die als Insel oder Uferabschnitt vorgesehenen Steine oder Wurzeln auf den Bodengrund und drücken Sie diese etwas auf den Bodengrund.
3 Füllen Sie vortemperiertes Wasser bis knapp unter den Rand der Inseln auf.
4 Nun setzten Sie die Wasser- und/oder Sumpfpflanzen in Töpfen in den Bodengrund.
5 Richten Sie dann die erforderlichen Versteckplätze (hohl liegende Rindenstücke etc.) ein.
6 Installieren Sie nun Lampen und Zeitschaltuhr und kontrollieren Sie 2 Tage, ob alles gut funktioniert, bevor Sie die Tiere einsetzen.

Flussufer-Terrarium

Bei diesen Aquaterrarien ist der Wasserstand wesentlich höher als bei einfachen Aquaterrarien, sodass die darin gehaltenen Tiere schwimmen und tauchen können. Bei Wasserschildkröten richtet sich die Wasserhöhe nach deren Panzerbreite. Die Wasserhöhe sollte etwa die doppelte Panzerbreite aufweisen. Ein höher liegender Landteil ist gleichzeitig Eiablageplatz und muss über einen rutschfesten Steg für die Tiere erreichbar sein. Der Wärmestrahler muss auf den Steg bzw. auf den Landteil gerichtet werden. Das Wasser wird im günstigsten Fall durch einen Aquarienfilter gereinigt.

Wenn Sie sich kein fertiges Aquaterrarium kaufen, richten Sie ein normales Aquarium wie folgt als Flussufer-Terrarium ein:

INFO

Pflanzen im Flussufer-Terrarium
Da im Wasserteil von Flussufer-Terrarien gewöhnlich kein Bodengrund eingebracht wird, können bei geringer Wasserströmung höchstens einige freischwimmende Wasserpflanzen; z. B. Wasserpest (*Elodea spec.*), Wasserhyazithe (*Eichhornia spec.*) etc. eingebracht werden. Da aber Pflanzen auch zum Nahrungsspektrum einiger Wasserschildkröten und Echsen gehören, besteht die Gefahr, dass sie bald verzehrt werden. Deshalb können meist lediglich Ampelpflanzen von oben in das Flussufer-Terrarium ragen.

EINRICHTEN SCHRITT FÜR SCHRITT

1. Füllen Sie den mehrfach gewaschenen Sand oder das für die Eiablage geeignete Substrat in den Landteil, bis die gewünschte Höhe erreicht wird.
2. Installieren Sie nun die Filteranlage, Aquarienheizstab etc., ohne sie in Betrieb zu nehmen.

6 Installieren Sie dann Lampen und Zeitschaltuhr. Nehmen Sie die technischen Anlagen in Betrieb und kontrollieren Sie zwei Tage, ob alles gut funktioniert, bevor Sie die Tiere einsetzen.

Feuchtterrarium für Landbewohner

Dieses Terrarium ist für Arten geeignet, die sich in der Natur an kühlen feuchten Stellen am Boden aufhalten, wie z. B. viele Krötenarten, aber auch Echsen und Schlangen. Sie sollten eine Wasserschale anbieten oder mit einem Glasstreifen einen Bereich des Bodens abtrennen. Der Glasstreifen muss höher sein als der Bodengrund auf dem Landteil. Damit die Tiere sich nicht in die Wurzelbereiche der Pflanzen graben, setzen Sie sie in Töpfen in das Terrarium und legen Sie einige flache Steine darum. Eine Kunsthöhle (z. B. hohl liegende Korkrinde) vervollständigt die Einrichtung. Für Tiere, die auch Sonnenbäder nehmen, bringen Sie über einem flachen Stein einen Strahler an.

Gelbrand-Scharnierschildkröten hält man in Feuchtterrarien mit nur flachem Wasserteil oder einer Wasserschale.

3 Stellen Sie anschließend Ziegelsteine o. Ä. so auf den Boden des Aquariums, dass der darauf gestellte Landteil sich später deutlich über dem Wasserstand befindet.
4 Füllen Sie vortemperiertes Wasser bis zur gewünschten Höhe auf.
5 Richten Sie nun auf dem Landteil den erforderlichen Versteckplatz (hohl liegende Rindenstücke etc.) ein.

EINRICHTEN SCHRITT FÜR SCHRITT

1 Installieren Sie das technische Zubehör, ohne es in Betrieb zu nehmen!
2 Füllen Sie den lockeren Bodengrund ein (Sand, Sand-Torf-Gemisch), bis die gewünschte Höhe erreicht ist.
3 Setzen Sie anschließend die Blumentöpfe mit den Pflanzen ein und decken sie ihren Wurzelbereich mit flachen Steinen ab.
4 Richten Sie dann die Wasserschale und die Versteckmöglichkeiten ein.
5 Nehmen Sie die technischen Geräte in Betrieb und kontrollieren Sie zwei Tage, ob alles gut funktioniert, bevor Sie die Tiere einsetzen!

Terrarium für Busch- und Baumbewohner

Diese Terrarien sollten mindestens einen Meter hoch sein, um den Tieren die nötigen Bewegungsmöglichkeiten zu bieten. In solche Terrarien kann man hohe Wurzelstücke und entsprechend hohe Pflanzen einsetzen. Ansonsten werden solche Behälter genau so eingerichtet wie ein Feuchtterrarium.

Regenwaldterrarium

Für manche Amphibien und Reptilien benötigt man ein Terrarium, in dem eine hohe Luftfeuchtigkeit herrscht, wie z. B. für Blattsteiger-, Baumsteiger- und Pfeilgiftfrösche, aber auch für etliche Echsen, Schlangen und Schildkrötenarten. Für kletternde Arten sollten die Behälter ausreichend hoch sein. Die Einrichtung entspricht dem eines Feuchtterrarium. In Kombination mit dem Wasserteil kann man einen Außenfilter einsetzen. Die Auslauföffnung mündet an einem künstlichen Bachlauf, der im Wasserteil endet. Bei kleineren Terrarien eignet sich auch ein künstlicher Eck-Wasserfall, mit oder ohne Mini-Nebler (z. B. Repti-Fog). Vor allem in Regenwaldterrarien sind die Rückwände und auch die Seitenwände mit geeigneten Materialien zu bekleben, sodass man dort Pflanzen (Epiphyten) anbringen kann bzw. diese den Kletterpflanzen als Kletterhilfe dienen. Als Bodengrund für den Landteil eignet sich Sand oder ein Sand-Torf-Gemisch. Zierliche Bodendecker (Javamoos, Bubikopf) überwuchern bald den Boden und *Ficus pumila* die Rückwand des Terrariums. Als Solitärpflanze sind bei kleineren Terrarien Bromelien günstig. Ansonsten sind auch andere Pflanzen geeignet, die man in herausnehmbaren Pflanzenschalen kultivieren sollte.

EINRICHTEN SCHRITT FÜR SCHRITT

1. Kleben Sie zunächst mit Silikonkautschuk einen Glasstreifen (vom Glaser passgenau geschnitten und die scharfen Kanten etwas abgeschliffen) in das Terrarium.
2. Installieren Sie nach dem Trocknen des Silikonkautschuks das technische Zubehör, ohne es in Betrieb zu nehmen!
3. Setzen Sie nun auf dem Landteil die Pflanzenschale mit den Pflanzen und die Bodendecker ein.
4. Füllen Sie anschließend den Landteil mit Flusssand oder einem Sand-Torf-Gemisch auf, sodass der Rand der Pflanzenschale etwas höher bleibt!
5. Schütten Sie dann Wasser in den Wasserteil, sodass der Wasserstand etwa 2–3 cm unter dem Landteil bleibt.
6. Nehmen Sie jetzt die technischen Geräte in Betrieb und kontrollieren Sie 2–3 Tage, ob alles gut funktioniert!

Terrarien für Felsenbewohner

Für Tiere aus felsigen Regionen sind ebenfalls hochformatige Terrarien erforderlich. Möchte man Arten aus dem Hochgebirge halten, muss man als Beleuchtung neben Leuchtstofflampen auch HQL-oder HQI-Lampen wählen und je nach Größe des Behälters ein bis zwei Spot-Strahler auf Steinaufbauten richten. Als Bodengrund eignet sich Sand oder feiner Kies, stellenweise streut man eventuell Muschelkalk oder Kalksplitt aus. Heften die Tiere ihre Eier, wie z. B. einige Geckoarten, nicht an oder verstecken sie in Nischen, ist eine Eiablagebox erforderlich, die in den Boden reicht. Bei den Bewohnern von Felsenterrarien bietet sich unbedingt das Anbringen einer Rückwand an. Eine Wasserschale darf natürlich nicht fehlen.

Kornnattern (Elaphe guttata) klettern gerne. Für sie richtet man ein Busch- oder Baumterrarium ein.

Schichtet man Steinplatten in Felsenterrarien nach hinten ansteigend auf, entstehen viele Fugen und Spalten.

EINRICHTEN SCHRITT FÜR SCHRITT

1. Fertigen Sie die bekletterbare Rückwand an.
2. Installieren Sie das technische Zubehör, ohne es in Betrieb zu nehmen!
3. Legen Sie nun flache Steine, von vorne nach hinten ansteigend so übereinander, dass sie nicht verrutschen können, aber genügend Fugen entstehen.
4. Füllen Sie dann den Bodengrund ein (Sand), bis die gewünschte Höhe erreicht wird.
5. Nehmen Sie jetzt die technischen Geräte in Betrieb und kontrollieren Sie 2 Tage, ob alles gut funktioniert, bevor Sie die Tiere einsetzen!

Diese Malachit-Stachelleguane sonnen sich auf dem Dach ihrer Kunsthöhle.

Terrarium für Savannen- und Wüstenbewohner

Diese Terrarien sind sowohl für Echsen, Schlangen und Schildkröten der trocken-heißen Lebensräume geeignet. Damit sie den hohen Tagestemperaturen ausweichen können, muss man ihnen grundsätzlich eine unterirdische Kunsthöhle bieten. Außerdem benötigen die Eier legenden Echsen und Schlangen eine Eiablagebox. Schildkröten wählen als Eiablageplatz entweder das Substrat ihrer Kunsthöhle oder außerhalb der Höhle eine geeignete Stelle (feuchtwarmes Substrat). Je nach Größe der Echsen, Schlangen oder Schildkröten eignen sich als Stützen glatte Ziegelsteine, die bei Bedarf auch übereinander gestapelt werden können. Da Schildkröten gerne Verstecke aufsuchen, die nur wenig höher als ihr Panzer ist, bemisst man die Höhe der Kunsthöhle etwas höher als die Panzerhöhe der größten Schildkröte. Bei Echsen und Schlangen kann der Eingang deutlich kleiner bleiben. Den hinteren Abschluss der Höhle sollte dabei die Terrarienrückwand bilden. Der Eingang wird mit Steinen so geformt, dass die Schildkröten bequem in die Höhle und wieder hinaus gelangen können. Auf die Ziegelsteine legt man eine schwere Steinplatte. Das ist wichtig, denn manchmal stemmen sich die Tiere in der Höhle hoch, sodass eine zu leichte Höhlenabdeckung dadurch angehoben und den Tieren gefährlich werden kann. Als Dekoration eignen sich trockene Äste, Wurzelstücke, Steine und trockene Grasbüschel bzw. Sukkulenten. Letztere müssen jedoch vor Pflanzenfressern (Dornschwanzagamen, Schildkröten etc.) geschützt werden.

INFO

Pflanzen im Felsenterrarium

Nur bei sehr großen Felsenterrarien, aber auch bei Savannen- und Wüstenterrarien bietet es sich an, einige sukkulente Pflanzen einzubringen. Häufig findet man auch Kunststoffkakteen, deren Stacheln weich sind und keine Verletzungen verursachen können. Bei kleineren Terrarien würde der Charakter der Einrichtung eventuell durch Pflanzen verfälscht werden.

EINRICHTEN SCHRITT FÜR SCHRITT

1 Bevor Sie den Bodengrund in das Terrarium füllen, legen Sie die Stützen für die spätere Kunsthöhle bzw. die Eiablagebox an ihren Platz.

2 Plant man den Bodengrund tiefer als etwa 40 cm ein, sollte man vor dem Einfüllen des Bodengrundes im Bereich der Eiablagebox bzw. des Eiablageplatzes eine Heizfolie oder -matte anbringen. Sie wird auf eine etwa 1 cm hohe Sandschicht gelegt und das Stromkabel so angebracht (z. B. in einer Ecke), dass es später nicht das Gesamtbild trübt.

3 Anschließend installiert man über dem Terrarium die entsprechenden Lampen. HQL-Lampen und Spot-Strahler können dabei frei an einem Kabel in das Terrariums ragen. Durch die Höhe dieser Lampen bestimmt man schließlich die Temperaturen in ihrem Lichtkegel. Dieser sollte im Kern eine Temperatur von 45 °C aufweisen. Bei geringerem Bodengrund kann auf eine Heizfolie oder -matte verzichtet werden, da die Wärmestrahler durch die richtige Platzierung für die erforderlichen Temperaturen in der Eiablagebox sorgen.

4 Bringen Sie nun die als Dokoration gedachten Steine etc. Sie müssen so fest gelagert sein, dass sie nicht untergraben werden und die Pfleglinge begraben können. Notfalls werden sie in den Bodengrund eingegraben, sodass nur noch ein „Felsstück“ herausschaut. Schaffen Sie vor allem bei größeren Terrarien durch Wurzeln und „Felsstücke“ Hindernisse. Die Zwischenräume bilden Wege, die die Schildkröten, Schlangen und Echsen bei ihren Wanderungen auswählen können.

Ein optimales Freilandterrarium für europäische Landschildkröten mit Schutz- und Futterhütte.

Tiere einsetzen

Neu erworbene Tiere oder jene aus dem Quarantänebecken sollte man möglichst zu Beginn der eigentlichen Aktivitätsphase in das neue Terrarium setzen. Dies bedeutet für dämmerungs- und nachtaktive Arten, dass man sie kurz vor oder nach dem Ausschalten der Beleuchtung an den Eingang eines Versteckes setzt (in das sie schnell flüchten werden). Tagsüber aktive Arten setzt man nach dem Einschalten der Beleuchtung an den Eingang eines Versteckes. Auf diese Weise fühlen sich die Tiere nicht gleich sämtlichen neuen Eindrücken ausgesetzt, sondern können mit der folgenden Aktivitätsphase – wenn sie möchten – das Versteck verlassen und ihre neue Umgebung erkunden.

Ab ins Freie !

Für viele Reptilien, aber auch einige Amphibienarten stellt vor allem der sommerliche Aufenthalt in einem Freiluft- oder Freilandterrarium eine wesentliche Bereicherung ihrer Lebensqualität dar. Man unterscheidet zweierlei Terrarientypen für draußen: das Freiluftterrarium und das Feilandterrarium.

Das Freiluftterrariun

Ein Freiluftterrarium ähnelt dem Zimmerterrarium, es muss allerdings rundum mit Gaze bespannt sein. Diese Bespannung ist wichtig, da hinter Glasscheiben die Luft zu schnell überhitzen könnte. Außerdem sollten Freiluftterrarien gewöhnlich in der Nähe des Hauses stehen, z. B. auf einer zum Teil überdachten Terrasse oder einem Balkon. Ist es leicht und tragbar, kann ein Freiluftterrarium bei ungünstiger Witterung einfach ins Haus geholt werden. Auch ein Wärmestrahler (Spot-Lampe) kann installiert werden, da durch die Nähe zum Haus ein Stromanschluss nicht weit ist. Bei Freiluftterrarien hält man die Einrichtung oft eher dürftig und überschaubar, dafür sind die Tiere aber jederzeit leicht zu kontrollieren. Denken Sie daran, das Freiluftterrarium nicht an einer zugigen, lärm- und abgasbelasteten Stelle aufzustellen.

Perleidechsen hält man in den Sommermonaten am besten in einem Freiluft- oder Freilandterrarium.

Das Freilandterrarium

Etliche europäische, aber auch manche nordamerikanische Amphibien- und Reptilienarten können ganzjährig im Freiland gehalten werden. Ihre Zucht ist auf diese Weise sogar wesentlich einfacher als im Zimmerterrarium. Damit sich jene Tiere im Spätherbst rechtzeitig in frostfreie Überwinterungsstätten zurückziehen können, legt man vor der Anlage des Freilandterrariums Überwinterungsverstecke an. Dafür geeignet ist eine Schicht aus Hohlblockziegeln, Tonrohren und Steinen, die über 1 m tief sein muss.

AUSBRUCHSICHER Damit die Tiere nicht aus ihrem Freilandterrarium entweichen können, fasst man die Anlage mit Brettern, Betonbohlen oder einer Mauer ein und lässt eine Abschlussleiste im oberen Bereich so nach innen ragen, dass die Pfleglinge nicht entweichen können. Für die meisten Echsen und Schlangen ist es ohne diese Abschlussleiste kein Problem, trotz Umfriedung zu entweichen. Aber selbst chinesische Rotbauchunken und etliche Wasserschildkröten können ausgezeichnet klettern. Bei Arten, die nicht nur gut klettern, sondern auch springen können, muss das Freilandterrarium oberhalb der Umfriedungsmauer gesichert werden. Das gelingt mit einem Gestell, das mit feinem Maschendraht bzw. Fliegengaze bespannt ist. Bei solchen Bedingungen können auch amerikanische Laubfrösche in einem Freilandterrarium gehalten und gezüchtet werden! Natürlich hat der Pfleger bei einer solchen naturnahen Anlage kaum eine Möglichkeit, die eingesetzten Tiere zu jeder Zeit wieder heraus zu fangen, geschweige denn ihren Nachwuchs. Deshalb entschließen sich viele Terrarianer, ihre Pfleglinge in den Sommermonaten lieber in einem Freiluftterrarium zu halten. Oder das Freilandterrarium muss so besetzt werden, dass man die Tiere jederzeit wieder entnehmen kann, wie dies bei Landschildkröten möglich ist.

SOLUTIONFINDER TERRARIENTYPEN

TERRARIENTYP	EINRICHTUNG	TIERE
Einfaches Aquaterrarium	mittelgrober Kies als Bodengrund, nach hinten als Landteil ansteigend	Amphibien, die stets oder in der Laichzeit am Ufer leben (Salamandra salamandra, Bombina orientalis, Bufo marinus, Bufo terrestris, Rana spec.)
		Molche
	kein Bodengrund, aber aus dem Wasser ragende Steine als Inseln	Nattern, Echsen, kleinere Wasserschildkröten (Tamnophis sirtalis, Shinisaurus crocodilurus, Apalone ferox, junge Chrysemys spec., Emys orbicularis)
Flussufer-Terrarium	großer Wasserteil und Landteil über dem Wasserteil und durch einen oder mehrere Stege erreichbar	Wasserschildkröten, Echsen und Schlangen, die an Flussufern leben und häufig schwimmen, wie zum Beispiel Chrysemys spec., Emys orbicularis, Graptemys spec., Mauremys spec., Podocnemis unifilis, Iguana iguana, Basiliscus vittatus etc.
Feuchtterrarium	lockerer Bodengrund (Sand/Torf), Topfpflanze, hohle Korkrinde am Boden, Wassernapf oder kleiner Wasserteil	Kröten-, Salamander- und Molcharten, z. B. Tylotrotriton verrucosus, Salamandra salamandra, Bufo spec., Mantella aurantiaca
		einige Sumpfschildkröten- und Schlangenarten wie Cuora flavomarginata, Thamnophis spec.
Busch- oder Baumterrarium	lockerer Bodengrund (Sand/Torf), umgedrehte Wurzel, darauf hohl liegende Rindenstücke, Topfpflanzen eingraben, Wassernapf	kletternde Frösche (z. B. Laubfrösche wie Hyla cinerea, Hyla crepitans)
		Echsen: Geckos, Leguane, Skinke, zum Beispiel Lygodactylus picturatus, Pachydactylus bibronii, Iguana iguana, Basiliscus vittatus, Anolis equestris, Coruca zebrata, etliche Chamäleons
		Schlangen, die oft klettern und aus gemäßigten Breiten, nicht aus Regenwäldern stammen (z. B. Elaphe guttata, Elaphe taeniura)

TERRARIENTYP	EINRICHTUNG	TIERE
Felsenterrarium	lockerer Bodengrund, jedoch teilweise mit „Geröll“ bedeckt, freie sandige Stelle, Sukkulenten, kleiner Wassernapf, Steine nach hinten ansteigend aufstapeln, sodass sich Fugen und Spalten bilden	verschiedene Echsen: einige Gecko-, Agamen-, Leguan-, Skinkarten wie Eublepharis macularius, Hemitheconyx caudicintus, Tarentola spec., Pogona barbatus, Sauromalusobesus, Leiocephalus personatus, Varanus acanturus, Cordylus cordylus, Egernia stockesi
		Schlangen aus Felsbereichen, Klapperschlangen (Crotalus), Hornotter (Vipera ammodytes)
		Spaltenschildkröten (Malacochersus tornieri)
Freiluftterrarium je nach Art:	Aquaterrarium mit kleinem Landteil bzw. Steinen, Ästen oder Wurzeln als Inseln	Frösche (z. B.Bombina spec., Rana spec.)
		Schwanzlurche (Triturus spec.)
		Wassernattern ect. (Natris spec.)
		Wasserschildkröten. (Chrysemys spec., Emys orbicularis, Graptemys spec., Mauremys spec., Pseudemys spec., Trachemys spec.)
	lockerer, grabfähiger Sandboden, hohle Rindenstücke oder Kunsthöhle als Versteckmöglichkeit, Wurzel oder Steine, Wassernapf	Boden bewohnende Echsen, z. B. Eidechsen (Lacerta, Podarcis, Timon), Leiocephalus spec
		Landschildkröten (junge Testudo hermanni, T. graeca, T. marginata)
	Kletteräste mit Versteckmöglichkeiten	kletternde Chamäleons (Chamaeleo calyptratus, C. dilepis, C. jacksonii)
	Kletteräste mit Versteckmöglichkeiten, großzügiger Wasserteil	Frösche: Laubfrösche (Hyla spec.), Riedfrösche (Hyperolius spec.), Bananenfrösche (Afrixalus spec.)
		diverse Schlangen (z. B. Gonyosoma oxycephala

TERRARIENTYP	EINRICHTUNG	TIERE
Regenwaldterrarium	lockerer Bodengrund (Sand/Torf), Topf- und Kletterpflanzen tropischer Bereiche, Kletteräste, Epiphytenstamm, Rückwand (bei großen Terrarien bepflanzen), Wassernapf oder kleiner Wasserteil, evtl. Vernebler/Wasserfall einbauen	Frösche, Echsen und Schlangen aus tropischen Regenwäldern, die häufig klettern, z. B. Beutelfrösche (Gastrotheca), Iguana iguana, Basiliscus spec., Uroplatus fimbriatus, Acanthosaura armata, Gonyosoma oxycephala
Savannen- oder Wüstenterrarium	lockerer, grabfähiger Sandboden, unterirdische bzw. tief in den Boden ragende Kunsthöhle, Wurzeln und Steine als Dekoration, Sukkulenten	Boden bewohnende Echsen heißer Trockengebiete wie Coleonyx variegatus, Hemitheconyx caudicinctus, Oedura castelnaui, Teratoscincus scincus, Pogona sec., Uromastyx spec., Sauromalus obesus, Sceloporus spec., Varanus e. albigularis
	lockerer, grabfähiger Sandboden, oberirdische Kunsthöhle, Steine und Wurzeln als Hindernisse und Dekoration, Sukkulenten.	Landschildkröten aus heißen Trockengebieten, z. B. Geochelone sulcata, Testudo horsfieldii
Freilandterrarium ausbruchsicher umfriedeter südlich gelegener Teil des Gartens mit mindestens einen Meter tiefem Winterquartier (Hohlräume); variable Einrichtungen je nach Art:	Teich	Frösche, Schwanzlurche (Bombina spec., Bufo spec., Rana spec., Triturus spec.)
		Wasserschildkröten (Chrysemys spec., Emys orbicularis, Mauremys spec.)
		Nattern (Natrix spec., Thamnophis spec.)
	Teich, Büsche, Kletteräste, Anlage mit Aufbau, der völlig mit Gaze überspannt ist	Laubfrösche (Hyla arborea, Hyla cinerea)
		kletternde Echsen (Lacerta spec.)
		Schlangen gemäßigter Breiten (Natrix spec.)
	Heidelandschaft mit Steinhaufen	Landschildkröten (Testudo hermanni, T. graeca, T. marginata)
		Echsen wie Eidechsen (Lacerta spec., Podarcis spec.)
		europäische Schlangen wie Kreuzotter (Vipera berus)

THEMA **FÜTTERUNG**

Segelechsen (Hydrosaurus pustulatus) **essen hauptsächlich tierische, aber auch pflanzliche Kost.**

Bei der Auswahl von Tieren spielt die Art ihrer Ernährung eine wesentliche Rolle. Denn es ist deutlich einfacher, Pflanzenfresser zu ernähren, als Futterspezialisten. Schneckenskinke (Cyclodomorphus gerrardii) beispielsweise fressen, wie der Name sagt, Schnecken und Krötenechsen (Phrynosoma) haben sich auf den Verzehr von Ameisen spezialisiert. Außerdem ist Pflanzennahrung ganzjährig wesentlich einfacher zu beschaffen als tierische Kost. Nicht immer bieten Zoogeschäfte entsprechende „Futtertiere" zum Verkauf an.

Pflanzen- und Allesfresser

Nicht nur Landschildkröten, sondern auch etliche Echsenarten verzehren v. a. Grünfutter. Man spricht von einer herbivoren Ernährung. Manche Echsen nehmen neben pflanzlicher auch tierische Kost auf. Dies wird als „omnivore" Ernährungsweise bezeichnet.
OBST Bei manchen Tieren gehören hin und wieder Früchte auf den Speiseplan. Von den

Gecko-Arten sind vor allem die Phelsumen dafür bekannt, gerne an süßem Obst zu lecken oder sogar davon abzubeißen. Doch zu viel Obst schadet. So bekommen Phelsumen, die man während der Aufzucht mit zu viel Obst (Zucker) füttert, häufig einen so genannten Knickschwanz. Offenbar sind dafür Stoffwechselstörungen beim Skelettaufbau verantwortlich.

Geeignetes Grünfutter und Gemüse

Zu einer gesunden Ernährung gehören solche Pflanzen, die ausreichende Mengen an Rohfetten, Rohproteinen und Rohfasern bieten. Gleichzeitig muss auf ein ausgewogenes Kalzium-Phosphor-Verhältnis geachtet werden! Die natürliche Nahrung der meisten Echsen besitzt ein Kalzium-Phosphor-Verhältnis von 1:1 oder 2:1. Lediglich wild wach-

Pflanzen- und Allesfresser auf einen Blick

Ernährungsweise	Tiere
überwiegend herbivor	Schildkröten:
	Landschildkröten, aber auch die Pfauenaugen-Sumpfschildkröte (*Morenia spec.*).
	Echsen:
	Grüne Leguane (*Iguana iguana*), Chuckwallas (*Sauromalus spec.*), Wüstenleguane (*Dipsosaurus dorsalis*), Wickelschwanzskinke (*Corucia zebrata*); lediglich Jungtiere und trächtige Weibchen benötigen zusätzlich auch tierische Nahrung.
omnivor	Schildkröten:
	Sumpfschildkröten (*Emydidae*) fressen neben tierischer auch pflanzliche Kost, ebenso Dosenschildkröten (*Terrapene spec.*), Schmuck- und Zierschildkröten (*Chrysemys-*, *Pseudemys-* und *Trachemys*-Arten).
	Echsen:
	Dornschwanzagamen (*Uromastyx spec.*), Blauzungen- und Tannenzapfenechsen (*Tiliqua spec.*), Schwarze Leguane (*Ctenosaura spec.*), Nashornleguane (*Cyclura spec.*), Bartagamen (*Pogona spec.*).

Geriebene Möhren sind gesund und werden von allen Landschildkröten gerne gefressen.

INFO

Keine Pflanzen mit Phosphorüberschuss
Allzu häufig werden Landschildkröten und Echsen Tomaten, Gurken, Paprika und/oder Kürbis als Futter angeboten. Diese Gemüsefrüchte enthalten niedrigste Kalziumgehalte und einen erheblichen Phosphorüberschuss. Das gleiche gilt auch für alle möglichen Keimlinge und Sprossen. Bitte diese Pflanzen nicht zu oft füttern.

sendes Grünfutter und nur wenige Gemüsesorten reichen an den erforderlichen Kalziumgehalt heran. Vielmehr weisen viele Pflanzen einen Überschuss an Phosphor auf. Deshalb muss von den meisten kultivierten Obst- und Gemüsesorten abgeraten werden. Einigermaßen akzeptabel sind Gemüsesorten, die zu den Blatt-, Stängel-, Blüten-, Wurzel- und Knollengemüse gehören. Bemerkenswert ist, dass einige exotische Früchte ein optimales Kalzium-Phosphor-Verhältnis aufweisen (z. B. Apfelsinen) oder reich an Kalzium sind (Feigen). Deshalb sollte man Landschildkröten und Pflanzen fressenden Echsen diese Früchte immer wieder einmal anbieten. Ob sie ihnen schmecken, werden die Tiere Ihnen schon zeigen.

Vitamine, Mineralien und Spurenelemente

KALZIUM UND PHOSPHOR

Bei der Ernährung kommen insbesondere den Mineralien Kalzium (Ca) und Phosphor (P) große Bedeutung zu. Beide Stoffe machen mit ungefähr 70 % den größten Anteil der mineralischen Bestandteile des Körpers aus. Sie stehen ständig in Wechselbeziehung miteinander. So enthält das Skelett etwa 99 % des Körperkalziums und ungefähr 85 % des Körperphosphors. Eine Unterversorgung mit diesen beiden Mineralien führt zu Erkrankungen: bei jungen Tieren zu Rachitis (weiche Knochen), bei erwachsenen zu Osteomalzie (brüchige Knochen). Kalzium ist außerdem wichtig für die Blutgerinnung, Enzymaktivitäten und die Erregbarkeit von Nervenfasern. Bei Weibchen von Eier legenden Arten ist Kalzium für die Eischalenbildung nötig. Stimmt der Kalziumhaushalt nicht, treten Störungen wichtiger Körperabläufe auf. So führt zum Beispiel ein zu niedriger Kalziumgehalt im Blut zu nervöser Übererregbarkeit und Krämpfen. Phosphor ist außer in den Knochen in vielen organischen Verbindungen wie Enzymen, Eiweißen u. a. zu finden. Gleichzeitig dient Phosphor als Energieträger und -speicher. So kann der Kalziumstoffwechsel nur bei einem gesunden Phosphorhaushalt optimal funktionieren.

INFO

Diese Pflanzen können Sie verfüttern:

- Bohnen
- Endiviensalat
- Fenchel
- Gartenkresse
- Grünkohl
- Karotten
- Klee (Rot- und Weißklee)
- Kohlrabi
- Kopfsalat (Freiland)
- Löwenzahn
- Mangold
- Petersilie
- Portulak
- Römersalat (Lattuga)
- Rucula.
- Zucchini

Pflanzen mit Kalziumüberschuss:

- Brunnenkresse
- Futtermalve
- Möhrenkraut
- Markstammkohl

Achtung, nicht geeignet:
Eisberg- und Feldsalat, da zu hoher Phosphoranteil!

Siedleragame beim Sonnenbad. Durch ultraviolettes Licht kann sie das Vitamin D_3 bilden.

DIE VITAMIN-D_3-SYTHESE

Vitamin D_3 wird gebraucht, damit Kalzium und Phosphor in das Skelett eingebaut werden können. Ein Mangel an Vitamin D führt auch bei ausreichender Kalziumversorgung zu Rachitis. Bei trächtigen Weibchen kann eine Legenot eintreten und schlupfreife Jungtiere können in den Eiern absterben, weil ihre Muskulatur mit Kalzium unterversorgt ist. Mit der Nahrung nehmen die Tiere eine Vorstufe des Vitamins auf. Unter der Einwirkung von UV-Strahlung können sie selbst das lebensnotwendige Vitamin D_3 synthetisieren. Damit die Tiere genügend UV-Licht abbekommen, ist eine Haltung in einem Freiluft- oder Freilandterrarium zu ihrer Gesunderhaltung von Vorteil. Künstliches UV-Licht durch entsprechende Lampen (S. 44) begünstigt ebenfalls die Vitamin-D_3-Synthese. Die direkte Gabe von Vitamin D ist nicht einfach. Es gibt über den Bedarf für unterschiedliche Echsen-, Schlangen- und Schildkrötenarten, geschweige denn von Amphibien, kaum wissenschaftlich gesicherte Angaben. Normalerweise erfolgt die direkte Gabe des Vitamins über das Einstäuben der Futterinsekten. Dabei kann nicht kontrolliert werden, wie viel davon von den Tieren aufgenommen wird. Diese Unsicherheiten haben viele Terrarianer dazu bewegt, auf die Zugabe von Vitamin D gänzlich zu verzichten. Statt dessen ermöglichen sie ihren Pfleglingen, durch natürliche oder künstliche ultraviolette (UV) Strahlen, ausreichend Vitamin D_3 selbst zu synthetisieren.

Krokodilmolche (*Tylototriton verrucosus*) verzehren gerne Regenwürmer.

INFO

Futtertiere für carnivore Tiere

- Blattläuse
- Dörrobst-Motten
- Enchyträen (kleine weiße Würmchen in Blumenerde)
- Fleisch- und Stubenfliegen
- Fliegenmaden (*Pinkis*, Anglergeschäft)
- Fruchtfliegen (*Drosophila*)
- Grillen und Heimchen (frisch geschlüpft bis ausgewachsen)
- Mäuse (nestjung)
- Mehlkäferlarven (möglichst frisch gehäutet, „Mehlwürmer")
- Mücken und deren Larven (*Culex, Chironimus*)
- Nacktschnecken
- Ratten (nestjung)
- Regenwürmer (Laub- und Tauwürmer)
- Rindfleischstückchen
- Springschwänze (Colembolen)
- Wachsmaden (groß)
- Wachsmotten
- Wanderheuschrecken (klein bis ausgewachsen)

Fleisch fressende Tiere ernähren

Fressen Tiere andere Tiere oder Teile von ihnen, ernähren sie sich „carnivor". Sie nehmen über ihre tierische Kost automatisch Vitamine und Mineralien auf. Vor allem jene Amphibien und Echsen, die Regenwürmer, Insekten und andere Gliedertiere verzehren, erhalten durch den Mageninhalt dieser Futtertiere die notwendigen Vitamine, Mineralien und Spurenelemente. Daher ist es wichtig, diese „Futtertiere" bei der Aufzucht sorgfältig mit Grünfutter zu ernähren.

INFO

Futter für aquatile Schwanz- und Froschlurche (z. B. Molche, Krallenfrösche)

- Bachflohkrebse *(Gammarus)*
- Bachröhrenwürmer *(Tubifex)*
- Hüpferlinge *(Cyclops)*
- junge Fische (z. B. *Guppys)*
- Mückenlarven (weiß, rot, schwarz)
- Wasserflöhe *(Daphnia)*
- Zierfisch-Trockenfutter

Futter für Froschlurchlarven

- Algenrasen
- Feinfutterflocken (schwimmfähig)
- Feinfuttertabletten für Zierfische
- Eigelb (frisch und tropfenweise, vor allem für *Dendrobates*)
- Infusorien (Heuaufguss, Liquifry 1 + 2 aus dem Zoohandel)
- Salat, Löwenzahn, Brennnessel (schadstofffrei, vorher einfrieren oder überbrühen)
- Schwebealgen
- Trockenfutter für Zierfische

Futter für landlebende, frisch geschlüpfte Jungfrösche

- Grillen/Heimchen (frisch geschlüpft)
- Mehlmotten und deren Larven
- Mücken (Stech- und Zuckmücken)
- Stubenfliegen (klein)
- Taufliegen *(Drosophila)*
- Wachsmottenlarven (klein)

Futterquellen für Fleischfresser

WIESENPLANKTON

In den wärmeren Monaten kann man an trockenen Tagen mit einem Kescher auf einer schadstofffreien Wiese oder entlang einer Hecke so genanntes „Wiesenplankton" fangen. Das sind Insekten, Spinnen und anderen Arthropoden (Gliederfüßer). Große Spinnen und auch größere, wehrhafte Insekten sollte man nicht fangen, da sie sehr kleinen

INFO

Diese Reptilien ernähren sich ausschließlich carnivor:

- Schlangen
- die meisten Wasserschildkröten
- Geckos mit Ausnahme der Phelsumen
- Chamäleons
- Agamen (die meisten)
- Anolis
- Halsband-, Stachel- und Erdleguane
- Kröten-, Höcker- und Krustenechsen
- Warane
- Schleichen
- Schild- und Gürtelechsen
- Eidechsen
- Skinke (die meisten)
- Krokodile

Salamanderlarven (Salamandra salamandra) **verzehren tierisches Plankton wie Hüpferlinge und Wasserflöhe.**

Amphibien und Reptilien gefährlich werden könnten. Ungeeignet sind ebenfalls „hartschalige" Käfer. Wenn Sie Ihre Tiere beobachten, werden Sie selbst bald erkennen, welches Wiesenplankton sie nicht mögen.

REGENWÜRMER Auch Regenwürmer sind ein willkommener Leckerbissen, die Sie beim Umgraben des Gartens leicht einsammeln können. Dabei sollten Sie aber auf Kompostwürmer verzichten. Sie sind für die meisten Amphibien und Reptilien ungenießbar.

Larven ernähren

Bei ihren Überlegungen, welche Froschlurche für Sie richtig sind, sollten Sie sich also auch über die spezielle Ernährung deren Larven kundig machen. Für Amphibienlarven gelten besondere Futterregeln:

FROSCHLARVEN ernähren sich meist von Pflanzenkost. Sie können sie mit Löwenzahnblättern, Feldsalat oder Spinat füttern, die sie zuvor überbrüht oder eingefroren haben.

SCHWANZLURCHLARVEN benötigen bereits im frühen Stadium tierisches Plankton, das man ebenfalls mit einem Kescher in einem Tümpel oder in Regenwassertonnen (zum Beispiel Einzeller, Hüpferlinge, Wasserflöhe, Mückenlarven etc.) fangen kann.

Junge Kornnattern (Elaphe guttata) **müssen erst nach einer Kotabgabe wieder gefüttert werden.**

FILTRIERENDE LARVEN Manche Froschlurchlarven, wie z. B. die des Zipfelfrosches *(Megophrys monticola nasuta)* gehören zu den „Filtrierern“: Die Kaulquappen haben ein trichterförmiges Maul und strudeln damit Miniplankton von der Wasseroberfläche in sich hinein. Als Futter bietet man Filtrieren „Infusorienfutter“ an, das für Jungfische im Zoohandel verkauft wird. Auch Brennnesselpulver aus der Apotheke ist geeignet. Bei Filtrierern ist ein steter Wasserwechsel besonders wichtig, da durch übrig gebliebenes Futter das Wasser sehr schnell verdirbt.

SPEZIELLE ERNÄHRUNG Es gibt auch sehr spezielle Kaulquappennahrung, die nicht einfach zu ersetzen ist. Larven von einigen Pfeilgiftfroscharten beispielsweise ernähren sich von „Nähreiern“, die die Weibchen in den Minitümpel ihrer Kaulquappen legen.

Gekauftes Futter

In Geschäften für Angelbedarf gibt es ganzjährig Regenwürmer in verschiedenen Größen (Laubwürmer, Tauwürmer) sowie Fliegenmaden und Mehlkäferlarven zu kaufen. In einem Kühlschrank kann man sie

INFO

Wann und wie viel füttern?
Jungtiere müssen täglich, am besten in zwei halben Portionen Futter angeboten bekommen. Für ausgewachsene Exemplare gelten diese Faustregeln:

- Nur so viel füttern, wie im Laufe des Fütterungstages gefressen wird!
- Pflanzenfresser sollten täglich Futter bekommen, mit einem Fastentag in der Woche!
- Fleischfresser sollten alle 2–3 Tage Futter bekommen, da sich Futtertiere immer verbergen können und erst später gefunden werden!
- Bei besonders großen carnivor lebenden Echsen und vor allem Schlangen sind je nach Art unterschiedlich lange Fastenzeiten notwendig! Bei ausgewachsenen Echsen, z. B. *Varanus niloticus* u. a. oder *Chamaeleo calyptratus,* können 2–4 Fastentage eingeschoben werden. Bei großen Schlangen sollte man erst wieder füttern, wenn sie den nächsten Kot abgesetzt haben. Dadurch ergeben sich durchaus Fastenzeiten von 5–8 Tagen.
- Man füttert kurz nach Beginn der Aktivitätszeiten!
- Nicht verwertetes Pflanzenfutter und tote Futtertiere müssen noch am gleichen Tag entfernt werden!

einige Tage frisch halten. Schüttet man die Fliegenmaden in ein Glas und hält sie etwas wärmer, verpuppen sie sich. Nach einiger Zeit schlüpfen Fliegen. Bitte beachten Sie: Mehlkäferlarven haben einen sehr hohen Phosphorgehalt und sollten deshalb nur selten gefüttert werden. Hat man seine Lurche, Echsen, Schlangen oder Schildkröten in einem Zoogeschäft erworben, werden dort sicherlich auch Futtertiere angeboten. Dazu gehören Grillen, Heimchen und Wanderheuschrecken in allen möglichen Größen sowie Fruchtfliegenansätze *(Drosophila)*. Wer mit solchem Futterservice nicht rechnen kann, muss schließlich eigene Futterzuchten betreiben, vor allem auch, wenn ihm die Futterkosten mit der Zeit zu hoch werden.

Futtertiere züchten

Fruchtfliegen

(Drosophila melanogaster)

Sicherlich kennen Sie diese 2–2,5 mm kleinen Fliegen nur zu gut, da sie sich sehr schnell an überreifem oder faulendem Obst niederlassen und im Haushalt eine richtige Plage werden können. Vor allem in der warmen Jahreszeit umschwirren sie jeden Komposthaufen und sind recht leicht zu keschern. Für unsere Zwecke sollten wir die stummelflügeligen Fruchtfliegen vorziehen, die man als Zuchtansatz in Zoogeschäften angeboten bekommt. Stummelflügelige Fruchtfliegen können Sie aber auch bei Haltern kleinerer Froschlurche bekommen, vor allem, wenn sie Pfeilgiftfrösche halten und züchten. Bei ihnen erhält man auch die ersten notwendigen Zuchtansätze.

Fruchtfliegen (Drosophila melanogaster) **auf einem Bananenstückchen.**

DROSOPHILAZUCHT SCHRITT FÜR SCHRITT

1 Stellen Sie nach Gebrauchsanweisung aus einem käuflichen Früchte-, Milch- oder Griesbrei einen Brei her.

2 Dem Brei geben Sie eine Messerspitze Hefe und ein Multivitaminpräparat zu.

3 Nun füllen Sie den Brei etwa 2 cm hoch in saubere Joghurtbecher.

4 Auf die Brei-Oberfläche streuen Sie etwas NIPAGIN (Apotheke), um einem Pilzbefall vorzubeugen.

5 Legen Sie dann über den Brei einige Holzwollefasern oder kleine Papierstreifen.

6 Nun schütten Sie 20–30 Fruchtfliegen hinein, decken den Becher mit einem Stück Gaze ab und schließen ihn mit einem Gummiband.

7 An einer ca. 25–28 °C warmen Stelle entwickelt sich der Ansatz (Weibchen legen Eier, Larven fressen den Brei, verpuppen sich, neue Fruchtfliegen schlüpfen). Der Fruchtbrei muss durch regelmäßiges Übersprühen immer leicht feucht gehalten werden.

8 Nach etwa drei Wochen können Sie die ersten neuen Fruchtfliegen als Futter verwenden. Dann können Sie neue Zuchtansätze vorbereiten.

Stubenfliegen

(Musca domestica)

Für die Fliegenzucht benötigt man einen rundum mit Gaze bespannten Holzrahmenkäfig mit festem Boden. Darin hält man die Stubenfliegen. Stubenfliegen-Zuchtan-

Schmuckhornfrösche (*Ceratophrys cornuta*) **lauern im Bodengrund auf vorbeikommende Beutetiere.**

sätze bekommt man in Zoogeschäften mit Terrarienabteilung oder bei anderen Terrarianern, die diese Fliegen ebenfalls als Futtertiere züchten. Als Futter erhalten die Fliegen süßes Obst und Zuckerwasser.

STUBENFLIEGENZUCHT SCHRITT FÜR SCHRITT

1 Rühren Sie aus Weizenkleie und Quark einen krümeligen Brei an. Er dient als Madenfutter.
2 Füllen Sie nun einen 500 g fassenden Margarinebecher aus Kunststoff zur Hälfte mit dem Madenfutter und stellen Sie ihn in den Fliegenkäfig.
3 Wenn die Fliegen viele Eier auf dem Brei abgelegt haben, entnehmen Sie den Becher, verschließen ihn mit einem Gazedeckel und setzen einen neuen Becher ein.
4 Die Maden schlüpfen nach einigen Tagen, fressen sich durch den Brei und verpuppen sich schließlich.
5 Sammeln Sie die Fliegenpuppen ab und bewahren Sie sie in einem trockenen, kühlen Glas mit Deckel auf.
6 Stellt man das Glas in einen warmen Raum, schlüpfen bald die Fliegen.
7 Bestäuben Sie die Fliegen mit Mineralstoff- und Vitaminpräparaten. Lassen Sie sie im Terrarium frei und tupfen Sie an eine wärmere Stelle etwas Zuckerwasser, damit sich die Fliegen einige Tage davon ernähren können.

Chamäleons fangen mit ihrer Schleuderzunge Insekten.

Grillen *(Gryllus bimaculatus)* und Heimchen *(Acheta domestica)*

Grillen und Heimchen sind vor allem für Bodenbewohner die idealen Futtertiere. Je nach Größe der Frösche, Kröten oder Echsen verfüttert man sie in der entsprechenden Größe. Vorsicht! Zu groß gewordene Grillen oder Heimchen können zur Gefahr für kleine Terrarientiere werden. Natürlich werden Grillen und Heimchen in getrennten Zuchtbehältern vermehrt, obwohl sie die gleichen Pflegeansprüche haben.

GRILLEN- UND HEIMCHENZUCHT SCHRITT FÜR SCHRITT

1 Der Zuchtbehälter (Aquarium oder Terrarium mit Gazedeckel) wird sorgfältig gereinigt. Als Bodengrund dient Sand.

2 Die Umgebung sollte eine Temperatur von etwa 30 °C bieten.

3 Ausgewachsene Grillen oder Heimchen werden eingesetzt und erhalten täglich in einer Futterschale etwas Obst, Gemüse, Keimweizen oder Haferflocken und ab und zu Löwenzahnblätter. Täglich leicht besprühen!

Frisch gehäutete Grillen werden besonders gerne gefressen.

4 Damit sie sich häuten können, legt man Eierkartons oder kleine Papprölichen (Grillen und Heimchen passen gerade dort hinein!) in den Zuchtbehälter.

5 Als Eiablageschalen stellt man 10–20 cm breite und 6–7 cm hohe mit leicht feuchtem Erde-Sand-Gemisch aufgefüllte Kunststoffbecher hinein, die auch von den Insekten erreicht werden können.

6 Einmal in der Woche tauscht man die Eiablagebehälter gegen neue aus.

7 Die Eiablagebehälter stellt man in einen Aufzuchtbehälter (30 °C, täglich leicht sprühen) und bietet den schlüpfenden Grillen und Heimchen das gleiche Futter wie oben. Häutungshilfen bitte nicht vergessen!

8 Um kleine Grillen zu verfüttern, schüttet man sie aus der Häutungshilfe (Eierkartons oder Papierknäuel) in einen Topf o. Ä. und anschließend in das Terrarium zu den Pfleglingen.

Wasserversorgung

Leider glauben immer noch viele Terrarianer, dass Tiere aus trockenen, heißen Regionen (Savannen, Wüsten) überhaupt kein Trinkwasser benötigen. Das ist aber nicht richtig, auch wenn viele Arten in der Lage sind, selbst aus sehr trockener Nahrung Wasser zu resorbieren wie, z. B. Dornschwanzagamen *(Uromastyx)*. Das Angebot an Trinkwasser ist aber aus gesundheitlichen Gründen unbedingt erforderlich. Durch Wassermangel kann sich im Organismus vieler Tiere Harnsäure anlagern, was wiederum zu Blasensteinen oder Gicht führen kann.

THEMA

PFLEGE UND KRANKHEITEN

CHECKLISTE

Pflegeplan

Täglich

- Ausscheidungen und Futterreste entfernen
- Wasserteile sowie Trinknäpfe reinigen und füllen
- Scheiben reinigen
- Einrichtungen übersprühen oder überbrausen
- Futter in das Terrarium geben

Wöchentlich

- Einrichtungsgegenstände, Lampen und Terrarienwände gründlich abwaschen
- Technik und Messinstrumente überprüfen
- verschmutztes Bodensubstrat stellenweise auswechseln
- das Verhalten der Pfleglinge längere Zeit genau beobachten

Jährlich

- Leuchtstofflampen gegen neue auswechseln
- Bodensubstrat komplett erneuern, bzw. bei sehr großen Terrarien zu zwei Dritteln
- Kotproben entnehmen und untersuchen lassen
- Pfleglinge messen, wiegen und Werte in einem Terrarientagebuch festhalten (gilt nur für großwüchsige Arten)

Die Säuberung des Terrariums

Terrarien machen nicht nur Freude, sondern auch Arbeit. So muss das Terrarium unbedingt täglich von Kot und Futterresten befreit werden. Vernachlässigen Sie diese Maßnahmen, kann es zu einer unnötigen Verbreitung von Mikroorganismen, auch Krankheitserregern, kommen. Gleichzeitig sind dabei die Einrichtungsgegenstände, besonders der Wassernapf, und die Scheiben zu säubern.

Gewöhnlich ist es einmal in der Woche notwendig, besonders verschmutzte Einrichtungsgegenstände aus dem Terrarium zu entnehmen und gründlich abzuwaschen. Bei verschmutzten, dicht belaubten Pflanzen genügt es häufig, die betroffenen Blätter einfach abzuschneiden. Ansonsten sind auch sie mit dem Topf herauszunehmen und der Schmutz, meist Kotreste, abzuwaschen.

Das Reinigen seiner Augen übernimmt der Gecko, das Reinigen des Terrariums ist Aufgabe des Pflegers.

Den Wasserteil reinigen

Befindet sich im Terrarium ein abgeteiltes Wasserteil ohne Filteranlage, so sollte man ihn bei Bedarf täglich oder wöchentlich unbedingt sorgfältig reinigen.

SCHWAMMTRICK

Entfernen Sie das Wasser aus dem Wasserteil soweit es geht mit einer Schöpfkelle. Das flache Restwasser können Sie einfach mit einem Schwamm entfernen, den Sie zusammengedrückt in den Wasserteil legen, sich mit Wasser vollsaugen lassen und anschließend in einem Eimer ausdrücken. Bei Bedarf mehrmals wiederholen, dann den Wasserteil auswaschen und wieder mit neuem Wasser füllen. Natürlich darf man beim Reinigen des Wasserteiles ebenso wenig Reinigungsmittel verwenden wie bei der Säuberung der Einrichtungsgegenstände und Scheiben.

SCHLAUCHTRICK

Ist das Leeren des Wasserteiles durch eine Schöpfkelle zu umständlich, können Sie auch den Schlauchtrick anwenden. Dazu benötigt man einen mindestens einen Meter langen Schlauch und einen Eimer. Den Schlauch füllen sie unter einem Wasserhahn so voll Wasser, dass an beiden Öffnungen, die man nebeneinander hält, das Wasser zu sehen ist. Anschließend halten Sie mit einem Daumen eine Öffnung zu und die andere richten Sie auf den Grund des Wasserteiles. Nun lassen Sie einfach die zugehaltene Schlauchöffnung in den Eimer hängen, lassen die Öffnung los und das Wasser ablaufen. Am Anfang kann dabei noch ein Familienmitglied mithelfen, bis Sie es alleine schaffen. Das Restwasser entfernen Sie anschließend einfach mit dem Schwamm – wie oben beschrieben!

Größere Wasserteile sollten zum Reinigen am besten mit einem Ablassventil ausgestattet sein.

INFO

Bitte Hände waschen
Bitte waschen Sie sich zu Ihrem eigenen Schutz regelmäßig die Hände nach dem Umgang mit ihren Pfleglingen und dem Hantieren im Terrarium. Bitte keine Terrariengegenstände in die Nähe von Lebensmitteln bringen!

Versorgung im Urlaub

Spätestens bei der nächsten Urlaubsplanung fällt es vielen Terrarianern ein, dass sie während ihrer Abwesenheit einen Ersatzpfleger benötigen. Deshalb ist jedem Terrarianer der Beitritt zu einer terraristischen Vereinigung zu empfehlen. Man erhält als Mitglied nicht nur Fachzeitschriften, sondern auch Mitgliederverzeichnisse und Adressen der einzelnen Arbeitsgemeinschaften, sodass man rechtzeitig mit einem Gleichgesinnten in der Nähe Kontakt aufnehmen kann. Dieser kann dann während der Urlaubstage die Versorgung der Tiere übernehmen oder zumindest einem zuvor sachkundig gemachten Urlaubspfleger mit Rat und Tat zur Seite stehen. Im Gegenzug steht man dem Helfer bei seinem Urlaub zur Verfügung.

Jahreszeitlicher Klimawechsel

Zur Pflege Ihrer Terrarientiere gehört, ihnen den klimatischen Jahresrhythmus zu bieten, dem die Tiere in der Natur ausgesetzt sind.

Sobald die Temperaturen sinken, suchen viele Amphibien und Reptilien aus den gemäßigten Klimazonen ein frostsicheres Versteck auf . Dort verharren sie in einer „Winterstarre“. Sinken die Temperaturen nicht ganz so tief, legen die betroffenen Tiere häufig nur eine Winterruhe ein, d. h. sie bleiben in ihren Verstecken und verlassen diese höchstens dann, wenn zeitweilig die Temperaturen wieder etwas günstiger für sie werden.

Terrarientiere überwintern

FASTENZEIT In der Natur legen die Tiere vor der Überwinderungsphase eine Fastenzeit ein, sodass sich ihr Darm entleeren kann. Stellen Sie daher etwa 14 Tage vor dem Senken der Temperaturen das Füttern ein.

BEHÄLTER Wenn Sie die Beleuchtungsdauer verringern und die Temperaturen herabgesetzt haben, werden Ihre Tiere im Terrarium immer ruhiger werden und sich bald in ihr Versteck zurückziehen. Die meisten Echsen und Schlagen wählen ihre Eiablagebox, da sich darin leicht feuchter Sand befindet und es dunkel ist. Überführen Sie die Tiere in geräumige Kunststoffdosen o. Ä., in deren Deckel sich einige Luftlöcher befinden. Füllen Sie die Dose zuvor zu einem Drittel mit einem feuchten Substrat. Als gut geeignet erweist sich ein Gemisch aus Torf und Sand.

ÜBERWINTERUNGSORT Haben Sie Ihre Tiere in der Kunststoffdose untergebracht, stellen Sie diese zunächst an eine kühlere Stelle, die Temperaturen um etwa 10 °C aufweist. Dort bleiben die Tiere 2–3 Tage stehen, bis sie sich an die niedrigeren Temperaturen gewöhnt

INFO

Tiere aus milderem Klima überwintern
Haben Sie Tiere aus milderen Klimabereichen, genügt es, sie in ihrem Terrarium ohne Beleuchtung und Heizung bei etwa 10–15 °C einige Wochen ruhen zu lassen. Jene Tiere sollte man auch weiterhin mit Wasser und etwas Futter versorgen, da sie hin und wieder ihre Ruhephase durchaus auch einmal unterbrechen können. Außerdem ist täglich die Einrichtung des Terrariums leicht zu besprühen.

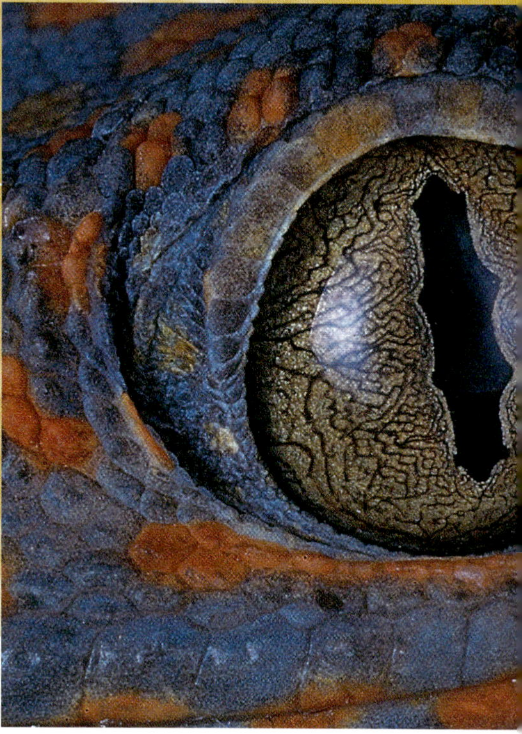

Betrachten Sie Ihre Tiere immer wieder ganz genau, damit Sie Erkrankungen frühzeitig erkennen.

haben. Dann können Sie ihre Amphibien und Reptilien aus frostkalten Regionen unterschiedlich überwintern. Entweder stellen sie die Dose bei etwa 3–5 °C an eine frostfreie Stelle im Keller, in der Garage auf dem Dachboden oder – in einen Kühlschrank! Darin müssen jedoch Temperaturen zwischen 3–5 °C gewährleistet sein. Keinenfalls darf die Temperatur über die 5 °C-Marke steigen, da einige „Kälte resistente" Arten sonst überhaupt nicht zur Ruhe kommen.

KONTROLLE Das Substrat in den Dosen muss etwa alle 2–3 Wochen kontrolliert und bei Bedarf mit sehr kaltem Wasser (Flasche in den Kühlschrank stellen!) angefeuchtet werden, ohne dass Sie dabei die Reptilien benetzen. So gelangt gleichzeitig Frischluft in die Dose. Anfallendes Kondenswasser an den Dosenwänden sollte man mit Fließpapier entfernen, bevor man die verschlossene Dose in den Kühlschrank zurück stellt.

AUFWACHEN Zum Auswintern stellt man die Dosen in das noch unbeleuchtete und unbeheizte Terrarium. Erst am folgenden Tag öffnet man sie. Die Lurche, Echsen oder Schlangen werden im Verlauf des Tages selbst herausklettern und ein Versteck aufsuchen. Erst nach zwei bis drei Tagen schaltet man den ersten Wärmestrahler an, am folgenden Tag die Beleuchtung. Natürlich muss den Tieren ab dem ersten Tag im Terrarium ein Wassergefäß zur Verfügung stehen, an dem sie ihren Feuchtigkeitsbedarf decken können. Landschildkröten können nach dem Erwachen in lauwarmem Wasser gebadet werden. Dabei decken sie häufig in langen Zügen gierig ihren Flüssigkeitsbedarf.

Kranke Terrarientiere

Schon beim Kauf sollten Sie darauf achten, gesunde Tiere zu erwerben (S. 16) Ob sie es aber tatsächlich auch sind, zeigen erst die folgenden Wochen und Monate. Für den Terrarianer ist es wichtig, zumindest einige Kenntnisse der häufigsten Erkrankungen seiner Terrarientiere zu haben. Unerfahrene Halter stellen Erkrankungen bei ihren Tieren meist erst dann fest, wenn es bereits zu spät für die Tiere ist. Im Anfangsstadium zeigen Amphibien und Reptilien nämlich oft keine auffälligen Verhaltensänderungen. Erst wenn sie teilnahmslos, deutlich abgemagert und mit geschlossenen Augen in ihrem Versteck bleiben oder am Boden liegen, dämmert es auch dem Laien, dass etwas nicht stimmt.

Einen kompetenten Tierarzt aufsuchen
Leider haben nicht alle praktizierenden Tierärzte mit der Diagnose und Therapie von Amphibien- und Reptilienkrankheiten weit reichende Erfahrungen. Daher hat sich innerhalb der Deutsche Gesellschaft für Herpetologie und Terrarienkunde (DGHT) eine spezielle Arbeitsgruppe gebildet, in der sich Tierärzte mit Amphibien- und Reptilienkrankheiten befassen. Dabei handelt es sich in erster Linie um Veterinäre, die sich auch privat mit Amphibien und/oder Reptilien beschäftigen. Die Adressen der nächsterreichbaren kompetenten Tierärzte kann man bei der Geschäftsstelle der DGHT erfahren. Dies bedeutet für den Terrarianer jedoch meistens, dass er weite Strecken zurück legen muss, bis er seinen kranken Pflegling einem sachkundigen Tierarzt vorstellen kann. Aber die längeren Wege werden Sie sicher gern in Kauf nehmen, schließlich steht die Gesundheit Ihrer Tiere auf dem Spiel. Es ist wichtig, sich wenigstens ein Mindestmaß an Kenntnissen anzueignen, um eine Erkrankung rechtzeitig zu erkennen und bei Bedarf sogar einem in der Nähe wohnenden Tierarzt Behandlungsvorschläge machen zu können. Denn laut Tierschutzgesetz dürfen bestimmte Medikamente nur nach Anweisung eines Tierarztes verabreicht und chirurgische Eingriffe nur von einem Tierarzt vorgenommen werden. Leider gestattet es der Umfang des Buches nicht, sehr ausführlich auf das Thema eingehen zu können. Einige häufigere Krankheiten, ihre Ursachen und Behandlung können Sie dem Solutionsfinder auf S. 110 entnehmen. Ohne eine völlig sichere Diagnose der Krankheit ist eine Behandlung aber unsinnig! Daher müssen Sie im Zweifelsfall immer einen Fachmann hinzuziehen!

Quarantäne

Neu erworbene Tiere müssen zuerst einmal für eine bestimmte Zeit in Quarantäne. Das heißt, dass sie nicht mit anderen Tieren in Berührung kommen dürfen, da sie diese sonst infizieren könnten, falls die Neuen krank sind. Wird ein Terrarium erstmals mit Tieren besetzt, kann dieses als Quarantänebecken gelten, da keine Gefahren für andere Tiere bestehen. Ist schon ein Bestand vorhanden, muss dem Neuerwerb ein anderes Terrarium – auch räumlich getrennt – zur Verfügung gestellt werden.

Das Quarantänebecken

Das Quarantänebecken richtet man wesentlich einfacher ein als das gewöhnliche Terrarium und vor allem muss es sehr leicht zu säubern sein. Das Terrarium und die Einrichtung, einschließlich aller Geräte, die mit den Tieren in Berührung gekommen sind, bitte täglich gründlich reinigen. Um ganz sicher zu gehen, desinfizieren Sie die Einrichtungsgegenstände und Geräte nach dem Reinigen. Keineswegs darf Futter aus dem Quarantänebecken in ein anderes Terrarium gelangen. Als Bodengrund für landlebende Amphibien genügt feuchtes Fließpapier. Für Echsen, Schlangen und Schildkröten kann ebenfalls eine Papierlage als Bodengrund dienen. Wichtig sind für alle Tiere jedoch Versteckmöglichkeiten, in die sie sich zurückziehen können.

Diese Schildkröte leidet an einer Mittelohrentzündung.

Tiere beobachten

In der Zeit der Quarantäne müssen Sie bei den Neuzugängen immer wieder besonders sorgfältig auf ihre Körperbeschaffenheit (Wunden, Verpilzungen, Außenparasiten, ect.) achten. Auch ihr Verhalten (Fortbewegung, Häuten, Fressen, Trinken, Koten, etc.) gilt es zu beobachten. Gleichzeitig sollten Sie am Anfang der Quarantäne und nach Ablauf von etwa einer Woche jeweils zwei weitere Kotproben entnehmen, die man in den ent-

Auch wenn es manchmal etwas merkwürdig aussieht: Das Häuten ist bei Reptilien ein ganz normaler Vorgang.

sprechenden Untersuchungstellen (Adressen, S.119) parasitologisch untersuchen lässt. Bei einem positiven Ergebnis (Es wurden Parasiten oder deren Eier bzw. Larven gefunden!) muss sofort eine Behandlung der Pfleglinge eingeleitet werden. Dazu werden dem Halter von der Untersuchungsstelle auch gleich schriftlich die verträglichen Medikamente mitgeteilt. Zur Behandlung wird der Tierarzt die Medikamente besorgen und mit dem Halter den Therapieplan besprechen. Die erforderliche Quarantänezeit kann leider nicht verallgemeinert werden. Viele Fachleute meinen, dass dafür etwa vier bis sechs Wochen, doch besser zwei Monate ausreichen müssten. Bedenkt man aber, dass bestimmte Infektionskrankheiten auch noch nach Monaten, sogar Jahren ausbrechen können, wird deutlich, dass die Quarantäne nur eine Sicherheitsmaßnahme darstellt.

SYMPTOME	URSACHEN	BEHANDLUNG
Abmagerung, Trägheit, Geschwüre und Wunden auf der Haut, Knöllchenbildung an Organen	Parasiten, virale oder bakterielle Infektion, Abzesse	Haltung und Pflege verbessern Tierarzt aufsuchen
Trägheit, Blutansammlungen in der Bauchhaut und an den Hinterbeinen	Redleg-Seuche: eine bakterielle Infektion, meist haltungsbedingt durch schlechte Wasserqualität	Verbesserung der Hygienebedingungen, Tierarzt aufsuchen Behandlung durch Antibiotika
Hautveränderungen, Augentrübung und/oder watteartige Beläge an Körperteilen	meist Sekundärinfektion durch Saprolegnia-Arten (Pilze) bei falscher Haltung	Primärursache herausfinden und abstellen, Tierarzt aufsuchen
Schwächung, Abmagerung	meist Befall mit Würmern oder anderen Parasiten	entsprechende Behandlung durch Tierarzt
bei Molchen: unvollkommene Häutung, Tiere werden dicker, obwohl sie nichts mehr fressen, im Bereich der Kehle aufgedunsen, Atemnot, geben einen petersilienartigen fauligen Geruch ab, auch das Wasser	schlechte Haltungsbedingungen, zu hohe Temperaturen und zu hohe Luftfeuchtigkeit, Vitaminmangel, bakterielle oder virale Infektionen, Nierenerkrankung	Haltungsbedingungen verbessern, Tierarzt aufsuchen. Meist aber tödlich verlaufende Erkrankung. Becken anschließend gründlich reinigen und desinfizieren.

REPTILIENKRANKHEITEN

SYMPTOME	URSACHEN	BEHANDLUNG
Entzündung der Mundschleimhäute mit Schwellungen, käsigen Belägen und Ausfluss, häufig nach einer Mundschleimhautentzündung	Maulfäule. Sie tritt vor allem bei Schlangen auf, verursacht durch Bakterien, die sich unter falschen Haltungsbedingungen und ungenügender Hygiene ausbreiten und bei Verletzungen der Mundschleimhaut zum Krankheitsbild führen.	Tierarzt aufsuchen. Mögliche Behandlung: befallene Stellen mit dreiprozentiger Wasserstoffperoxyd-Lösung täglich mehrmals mit Wattebauschstäbchen einpinseln, bis die Symptome vollständig verschwunden sind. Unterstützung durch Antibiotikum und einmalige Vitamin C-Gabe. Heilungsaussicht im Anfangsstadium noch gut.
Schuppen der Reptilien sind bräunlich verfärbt, spreizen sich ab, Stellen nässen manchmal auch	Pilzerkrankung (Mykose): Aufgrund schlechter Kondition der Tiere und schlechter Haltungsbedingungen breiten sich unterschiedliche Pilzstämme aus.	Tierarzt aufsuchen. Haltungsbedingungen verbessern
Häutungsschwierigkeiten bei Echsen und Schlangen	zu trockene Haltung, Vitaminmangel (A und/oder C), Parasitenbefall, v. a. Milben, aber auch Endoparasiten, bakterielle Infektion	Kot untersuchen lassen; Vitaminversorgung beachten. Evtl. Häutungsreste manuell entfernen, dabei zuvor die Echse oder Schlange etwa 10 Minuten in lauwarmem Wasser baden.
Beim Koten harter, unverdaulicher Teile ist ein kleiner Teil des Darms mit aus dem Körper gelangt	Darmvorfall: Darmentzündung durch Bakterien oder Parasitenbefall, Verstopfung, Pressen bei Eiablage oder Legenot	Darm mit feuchtem Verbandmull sofort abdecken; Tierarzt aufsuchen. Dieser wird versuchen, den Darmteil wieder in seine ursprüngliche Lage zu bringen, evtl. muss ein Stück amputiert werden.
Hemipenisvorfall	Entzündung, Trauma	Vorfall feucht halten; Tierarzt aufsuchen. Muss ein Hemipenis amputiert werden (z. B. Echse, Schlange), kann das Tier mit dem anderen noch fortpflanzungsfähig bleiben.
Legenot	Eier anormal (Übergröße, Beschädigungen), Weibchen zu schwach, krank, kein geeigneter Eiablageplatz vorhanden, Stress	Tierarzt aufsuchen; Röntgenaufnahmen geben Gewissheit, dass und warum eine Legenot vorliegt. Bei einer psychogenen Legenot kann der Arzt durch ein Wehenmittel die Wehen einleiten. Zuvor sollte eine parentale Kalziumgabe intramuskulär erfolgen. Erfolgt nach 1-3 Stunden immer noch keine Eiablage, einen Tag später Behandlung wiederholen. Sonst chirurgische Behandlung erforderlich.

▶ SYMPTOME	▶ URSACHEN	▶ BEHANDLUNG
Lähmungen, Krämpfe, Bewegungsprobleme	Stoffwechselstörungen, Kalziummangel, Parasiten, bakterielle oder virale Infektionen	Tierarzt aufsuchen
Tiere atmen mit geöffnetem Maul, geben dabei zischende bis rasselnde Atemgeräusche ab. Aus Maul und Nase fließen schleimige Absonderungen, Luftröhre gerötet. Patienten zeigen oft unnatürliche Körperhaltung oder aufgeblähte Kehle oder vorderen Körperabschnitt	Lungenentzündung (Pneumonie) durch zu kühle Haltung oder Zugluft. Sie kann auch bakteriell, viral oder parasitär bedingt sein.	Haltungsbedingungen optimieren, Tierarzt aufsuchen, Behandlung mit Antibiotika
Erbrechen halbverdauter Nahrung und Absetzen von breiigem, schleimigem und sehr übelriechendem Kot, häufig mit blutigen Zusätzen (z. B. Schleimhaut)	Magen-Darm-Entzündung (Gastro-Enteritis) durch Bakterien, Parasiten, Stress	Tierarzt aufsuchen und Kot sowie Schleimhaut bakteriell untersuchen lassen

SYMPTOME	URSACHEN	BEHANDLUNG
Tiere verweigern die Nahrungsaufnahme trotz Anbieten sehr abwechslungsreicher Nahrung	Für eine Nahrungsverweigerung (Anorexie) kann es verschiedene Gründe geben. Häufigste Ursache: falsche Haltung, einseitige Ernährung. Aber auch eine schwerwiegende Erkrankung ist möglich.	Haltung verbessern, abwechslungsreichere Kost; Tierarzt aufsuchen
weiche Knochen, bei Schildkröten lässt sich der Panzer leicht eindrücken; Knochendeformationen, die nicht mehr rückgängig gemacht werden können	Rachitis (Knochenerweichung), eine Stoffwechselstörung aufgrund von Vitamin-D und evtl. Mineralstoffmangel (Kalzium), mangelndes UV-Licht; auch Nierenerkrankung möglich	Rachitis im Anfangsstadium ist heilbar. Tierarzt aufsuchen und unverzüglich Mineralstoffe und Vitamin D_3 verabreichen. Kalzium kann nur in Verbindung mit Vitamin D verwertet werden. Unbedingt für regelmäßige UV-Bestrahlungen sorgen!
Nachziehen von Gliedmaßen oder unnormale Stellung der Knochen	Knochenbruch (Frakturen) und andere Verletzungen	Tiere zum Tierarzt bringen, betroffene Stelle röntgen lassen und bei Bedarf ruhig stellen. Bei kleineren Arten genügt oft ein strammes Leukoplast-Pflaster, bei größeren sind stabile Schienungen oder Operationen erforderlich.

Für Terrarianer gelten einige Gesetze, die Sie bereits vor der Anschaffung Ihrer Tiere kennen und beachten müssen.

Artenschutz

Durch das Washingtoner Artenschutzabkommen von 1976 (WA) wird der Schutz von weltweit bedrohten Pflanzen und Tieren international geregelt. Auch verschiedene Reptilien und Amphibien werden durch das WA geschützt. Der An- und Verkauf dieser Tiere ist ohne eine spezielle Ausnahmegenehmigung nicht erlaubt. Das WA gilt auch in Deutschland und wird teilweise noch durch striktere Verordnungen der EU ergänzt (EG 338/97, EG 939/97). Die derzeitige EU-Artenschutzverordnung von 1997 kennzeichnet den Gefährdungsgrad durch die Anhänge A bis D. Die in den Verordnungen aufgeführten Tiere dürfen nicht ohne entsprechende Papiere gehalten werden. Erkundigen Sie sich daher vor dem Kauf von Tieren bei der zuständigen Naturschutzbehörde, welche Bestimmungen im Einzelnen zu beachten sind.

DAS BUNDESNATURSCHUTZGESETZ verbietet u. a. die Entnahme geschützter Arten aus der Natur. Da alle einheimischen Reptilien- und Amphibienarten vom Bundesnaturschutzgesetz erfasst sind, dürfen keine heimischen Arten gefangen und in Terrarien gesetzt werden! Lediglich gezüchtete heimische Arten dürfen Sie erwerben und mit den entsprechenden Papieren zu Hause halten.

Tierschutzgesetz

Terrarientiere müssen artgerecht gehalten und gepflegt werden. Der Halter muss deshalb über die notwendigen Kenntnisse und Fähigkeiten verfügen, um eine artgerechte Ernährung, Pflege und Unterbringung zu gewährleisten. Wird ein Pflegling krank, muss der Halter alles nur Erdenkliche und Notwendige unternehmen, damit das Tier wieder gesund wird, z. B. sofort einen Tierarzt aufsuchen. Verstöße gegen das Tierschutzgesetz werden in der Regel als Ordnungswidrigkeit geahndet (Geldbuße). Die Tötung eines Wirbeltieres ohne vernünftigen Grund oder das Zufügen erheblicher Schmerzen oder Leiden über einen längeren Zeitraum oder aus Rohheit wird sogar als Straftat behandelt!

Chamaeleo calyptratus-**Weibchen. Alle Chamäleons unterliegen den Artenschutzbestimmungen.**

Mietrecht

Wenn der Vermieter im Mietvertrag nicht anderes bestimmt hat, dann ist davon auszugehen, dass in der Mietwohnung die üblichen Heimtiere gehalten werden dürfen. Ob Terrarientiere „übliche Heimtiere“ sind, wird immer wieder diskutiert. Da sie normalerweise keine Beschädigungen verursachen oder größere Störungen – Es sei denn, sie halten beispielsweise äußerst laut quakende Frösche! – benötigt der Mieter keine ausdrückliche Genehmigung des Vermieters.

Bildnachweis

Farbfotos von:
Frank Hecker: (14: S. 18, 31 r, 53, 54/55, 57, 61 o +m +u, 62 o, 63 o, 80, 84/85, 93, 100/101);
Dr. Rudolf König: (12: S. 24 l, 27 r, 29 l, 31 l, 32 r, 34 r, 39 r, 40/41, 52, 60, 94/95, 104/105)
Dr. F. Sauer/Frank Hecker (5: S. 15, 90, 99, 107, 108/109);
Wally und Burkhard Kahl: (30: S. 4/5, 6/7, 8, 10, 11, 12, 16/17, 19, 20, 21 r, 22 r, 23 r, 25 l, 27 r, 37 l, 42/43, 44, 49, 50/51, 58/59, 68/69, 70/71, 72, 74/75, 77, 91, 102, 114/115).
Alle weiteren 54 Aufnahmen stammen von Manfred Rogner.

Alle Angaben in diesem Buch erfolgen nach bestem Wissen und Gewissen. Sorgfalt bei der Umsetzung ist indes dennoch geboten. Verlag und Autor übernehmen keinerlei Haftung für Personen-, Sach- oder Vermögensschäden, die aus der Anwendung der vorgestellten Materialien und Methoden entstehen können.

Impressum

Umschlaggestaltung von eStudio Calamar unter Verwendung von vier Farbaufnahmen von Frank Hecker.

Mit 115 Farbfotos.

Die Deutsche Bibliothek – CIP-Einheitsaufnahme

Ein Titelsatz für diese Publikation ist bei der Deutschen Bibliothek erhältlich.

Gedruckt auf chlorfrei gebleichtem Papier

ISBN 3-440-09091-4
Redaktion: Christine Axmann
Gestaltungskonzept: eStudio Calamar
Gestaltung und Satz: Guido Schlaich
Produktion: Kirsten Raue, Markus Schärtlein
Printed in Czech Republic / Imprimé en République tchèque
Druck und Binden: Tesinska Tiskarna, a.s., Cesky Tesin

ZUM WEITERLESEN

BÜCHER

Dost, Uwe:
Das Kosmos-Buch der Terraristik.
Kosmos-Verlag, Stuttgart 2000.

Gruber, Ulrich:
Amphibien und Reptilien.
Kosmos-Verlag, Stuttgart 1994.

Hackbarth, Rolf:
Krankheiten der Reptilien.
Kosmos-Verlag, Stuttgart 1992.

Kölle, Dr. Petra:
Reptilienkrankheiten.
Kosmos-Verlag, Stuttgart 2002.

Nöllert, Andreas und Christel:
Die Amphibien Europas.
Kosmos-Verlag, Stuttgart 1992.

Rogner, Manfred: Frösche.
Kosmos Verlag, Stuttgart 2001.

Rogner, Heidi:
Landschildkröten.
Kosmos-Verlag, Stuttgart 2001.

Stettler, Paul Heinrich:
Handbuch der Terrarienkunde.
Kosmos-Verlag, Stuttgart 1986.

van Kampen, Thomas:
Grundkurs Terrarium.
Kosmos-Verlag, Stuttgart 1997.

ZEITSCHRIFTEN

Die Eidechse. Beiträge zur Kenntnis der Lacertiden. AG Lacertiden in der DGHT e.V., ISSN 0945-5183

elaphe, Neue Folge-Zeitschrift der Deutschen Gesellschaft für Herpetologie und Terrarienkunde (DGHT) e. V., ISSN 0943-2485

herpetofauna, Zeitschrift für Amphibien- und Reptilienkunde, Postfach 1110, D-71365 Weinstadt. ISSN 0172-7761

Reptilia, Natur und Tier-Verlag, An der Kleinmannbrücke 39, 48157 Münster. Tel.: 0251-143953.

Salamandra, Zeitschrift für Herpetologie und Terrarienkunde. Hrsg.: Deutsche Gesellschaft für Herpetologie und Terrarienkunde e.V., Frankfurt a. M., ISSN 0036-3375

SAURIA, Hrsg.: Terrariengemeinschaft Berlin e.V.,
c/o B. Buhle
Planetenstr. 45,
D-12057 Berlin, ISSN 0176-9391

ADRESSEN

Vereine und Verbände

Deutsche Gesellschaft für Herpetologie und Terrarienkunde (DGHT) e.V.
DGHT-Geschäftsstelle
Postfach 1421
Locher Straße 18
D-53351 Rheinbach (Briefpost) und
D-53359 Rheinbach (Büroanschrift)

AG Anuren in der Deutschen Gesellschaft für Herpetologie und Terrarienkunde e.V.
c/o Dr. Jürgen Beutelschiess
Fritz-Schnelbögl-Str. 9
D-91220 Schnaittach
Ralf Schmitt
Holbeinstr. 14
D-45147 Essen

DGHT-AG Chamäleons
c/o Wolfgang Schmidt
Isenacker 4, D-59494 Soest

DGHT-AG Echsen
c/o Axel Dehne
Elsternstieg 30a
D-14532 Kleinmachnow

DGHT-AG Lacertiden
c/o Wolfgang Bischoff
Museum A. Koenig
Adenauerallee 160, D-53113 Bonn

DGHT-AG Schildkröten
c/o Thomas Vinke
Dellerstr. 61, D-42781 Haan

DGHT- AG Iguana
c/o Dr. Gunther Köhler
Im Mittelfeld 27, D-63075
Offenbach, Tel.: 069-86777266

DGHT-AG Schlangen
c/o Dieter Preißler, Albestr. 2
D-12159 Berlin, Tel.: 030-85999756

DGHT-AG Urodela
c/o Dr. Burkhard Thiesmeier
Am Born 11, D-44894 Bochum
Tel.: 0234/309309

DGHT-AG Warane und Krustenechsen
c/o: Prof. Dr. Hans-Georg Horn
Hasslingshauser Str. 51
D-45549 Sprockhövel

Herpetologische terraristische Vereinigung Österreich (HTVÖ)
c/o Erich Brabenetz
Portheimg. 1 RH 75
A-1220 Wien

Österreichische Gesellschaft für Herpetologie
c/o Naturhistorisches Museum
Burgring 7
A-1014 Wien

SWISSHERP
Dr. Beat Akeret
Katzenruetistr. 5
CH-8153 Ruemlag

DGHT-Landesgruppe Schweiz
c/o A. Ochsenbein
Bündtenstr. 15, CH-4104 Oberwil

Niedergelassene Fachtierärzte und -ärztinnen sowie Untersuchungsstellen für Amphibien und Reptilien

Adressen können Sie bei den jeweiligen Landestierärztekammern erfragen und sind im Internet auf den Homepages der DGHT und der HTVÖ abrufbar.

Bundestierärztekammer
Oxfordstr. 10
D-53111 Bonn

INTERNET

www.dght.de

www.froschnetz.de

www.htvoe.net

www.pfeilgiftfroesche.de

www.reptilien.de

www.swissherp.ch

KOSMOS

Faszination Terraristik

Für Einsteiger und Fortgeschrittene

Farbeprächtige exotische Tiere beobachten – das Terrarium macht es möglich. Aber wie gestaltet man ein Stück Natur en miniature? Was brauchen Echsen, Schlangen und Frösche, um sich wohlzufühlen?

Uwe Dost zeigt es in diesem umfassenden Ratgeber. Auch für Einsteiger eine Fundgrube an praxisnahem Wissen: Terrarientypen, Technik, geeignete Pflanzen und Tiere. Mit wunderbaren Farbfotos, Reportagen und verblüffenden Details.

Uwe Dost
Das Kosmos-Buch der Terraristik

156 Seiten
211 Abbildungen
gebunden

ISBN 3-440-07451-X

www.kosmos.de

KOSMOS praxiswissen terraristik
MANFRED ROGNER
FRÖSCHE

KOSMOS praxiswissen terraristik
HEIDI ROGNER
LAND-
SCHILDKRÖTEN